辜鸿铭——著 李静————译

中国人的
精神

The Spirit of
the Chinese People

天津出版传媒集团

天津人民出版社

by Gu Hongming

果麦文化 出品

CONTENTS
目录

序 言

Preface

本书旨在阐释中国人的精神，展现中国文明的价值。归根究底，一个文明的价值不在于它已经建成或能够建成多么宏伟的城市、多么华美的房屋、多么平坦的道路；也不在于它已经打造或能够打造多么精致舒适的家具，多么巧妙实用的仪器、工具和设备；甚至不在于它确立了怎样的制度、发展了怎样的艺术与科学。在我看来，衡量一个文明的价值，我们最终要问的是：它能塑造怎样的人，怎样的男人和女人。只有一个文明所塑造的男女大众，才能真正体现这个文明的本质和个性，也就是这个文明的灵魂。而这些男男女女所讲的语言，又正体现他们的本质和个性，或曰灵魂。那句点明文学本质的法国谚语，"风格即人"，说的正是这个意思。因此，我将本书前三篇文章的主题分别定为：中国人、中国的女性、中国的语言，希望能以此阐释中国人的精神，展现中国文明的价值。

除此之外，我又加进了两篇文章，旨在说明，那些被视为"汉学家"的外国人事实上曲解了真正的中国人和中国语言，也将力争揭示这些曲解产生的原因。我在文中阐释道，《中国人的性格》一书的作者亚瑟·史密斯牧师，并不了解真正的中国人，因为身为美国人，他不够深沉；被公认为大汉学家的翟理斯博士也并不了解真正的中国人，因为身为英国人，他不够博大，缺乏有哲理深度的洞察力，以及由此而生的博大胸怀。我本打算再收录一篇从前写的书评，可惜找不到了。那篇文章所评价的，是濮兰德与白克好司合著的、关于著名的慈禧太后的那本书，大约四年前，它被刊登在上海的《国家评论》上。我在文中试图阐明，像濮兰德与白克好司这样的学者，既不了解，也不可能真正了解中国女性，尤其是典型的中国文明塑造出的等级最高的女性——已故的慈禧太后。因为，像他们那样的学者都不够淳朴——他们都聪明过头，跟所有现代人一样善于歪曲事实。要理解真正的中国人和中国文明，一个人必须兼具深沉、博大和淳朴的品质，因为，中国人的性格和中国文明的特点正是：深沉、博大、淳朴。

恕我直言，美国人、英国人和德国人都很难理解真正的中国人和中国文明，因为美国人通常博大、淳朴，却不深沉；英国人通常深沉、淳朴，却不博大；德国人，尤其是受过教育的德国人，通常深沉、博大，却不淳朴。而法国人呢，在我看来，法国人最能理解真正的中国人和中国文明，而且他们对中国文明的理解也的确最为透彻。[1]当然了，法国人既缺乏德国人天性中的深沉，又缺乏美国人的广博和英国人的淳朴，但他们具备另一种非凡的心灵特质——灵敏，这是理解真正的中国人和中国文明的首要条件，而其他三个民族普遍缺乏这一特质。因此，要概括真正的中国人和中国文明的特点，除深沉、博大、淳朴以外，还必须加上灵敏。这一灵敏，它的境界是如此之高，恐怕只有在古希腊人和古希腊文明中能看到，此外概莫能寻。

因之，学习中国文明，能使美国人变得深沉，使英国人变得博大，使德国人变得淳朴。而无论是美国人、英国人还是德国人，通过研究中国文明、研究中国的典籍和文学，都将获得一种精神特质——灵敏。恕我直言，上述民

---

1 用欧洲语言写成的关于中国文明的作品中，最好的一部是前法国驻华领事西蒙所著的《中国城市》。剑桥的迪金逊教授亲口告诉我，他正是从那本书中获得灵感，从而写出了著名的《约翰中国佬信札》。——原注

族普遍缺乏较高境界的灵敏。法国人如果学习中国文明，不仅能变得深沉、博大和淳朴，还能使他们业已具备的灵敏更增一分。我坚信，学习中国文明，学习中国的文学经典，能造福所有的民族。因此，我在书中增加了一篇关于汉学的文章，针对如何学习汉学列了一个大纲。这个大纲，是三十年前我从欧洲回国，并决心开始学习本国文明时为自己所制订的，但愿能对想研究中国人和中国文明的人们有所助益。

最后，我还增补了一篇讨论现实政治的文章——《战争与出路》。我深知，涉足现实政治的领域是危险的，但还是决定这样做，目的正是展示中国文明的价值。我要证明，学习汉语、研究中国的文学经典，绝不仅是只属于汉学家的爱好，它将有助于解决当今世界所面临的困难，从而拯救欧洲文明于水火之中。

在那篇文章里，我试图阐明这场战争的道德根源，因为除非人们找到这一根源，并清除它，否则形势将无可救药。我力图证明，这场战争的道德根源，是英国的乌合之众崇拜加德国的强权崇拜。我对前者费了更多的笔墨，因为客观地看，正是英国的乌合之众崇拜导致了德国的强权崇拜。事实上，正是所有欧洲国家尤其是英国的乌合之众崇拜，催生了如今引起公愤、庞大邪恶的德国军国主义。

首先，我想说，正是德国人的那种道德秉性，那种对正义的挚爱，以及由此而生的、程度相当的对不义的强烈憎恨，和对一切分裂和混乱的强烈憎恨，使德国人迷信并且崇拜强权。因为但凡是热爱正义、憎恨不义的人，都倾向于迷信强权，苏格兰的卡莱尔就是一个例子，他也有着德国式的道德秉性，强烈地憎恨不义。可是，为什么说英国的乌合之众崇拜要对德国的强权崇拜负责呢？这也正是由德国人的道德秉性决定的。德国人痛恨分裂与混乱，这使得他们不能容忍英国的乌合之众、乌合之众崇拜和崇拜乌合之众者。当他们目睹英国的乌合之众和崇拜乌合之众的政客们挑起非洲的布尔战争时，出于那种本能的对不义的强烈厌恶，他们甘愿作出巨大的牺牲，集体节衣缩食，来打造一支海军，目的就是铲除英国的乌合之众、乌合之众崇拜和崇拜乌合之众者。可以说，当德国人发现，自己在整个欧洲处于英国怂恿的邪恶乌合之众的四面包围之中时，他们愈发相信强权了，愈发迷信只有强权崇拜才是人类的唯一出路。这种出于对英国乌合之众崇拜的憎恨而产生的强权崇拜，最终制造出了残暴可怕的德国军国主义。

　　我重申一遍，正是所有的欧洲国家尤其是英国的乌合之众崇拜，必须对德国的强权崇拜负责，正是它，导致了眼下的德国军国主义那种畸形的残暴和凶恶。所以，如果英国人民和所有的欧美人民想要铲除德国军国主义的话，那么他们首先应该打倒的，是自己国内的乌合之众和崇拜乌合之众者。对欧美国家乃至中国和日本那些正渴慕、呼吁自由的人，我在此冒昧说一句，要获得真正的自由，唯一的途径就是每个人都自觉遵规守矩，适当地约束自己。看看革命之前的中国吧，比起世界上任何其他的民族，那时的中国人拥有更多的自由，从不受教士、警察、市政税和所得税的困扰。为什么？因为在革命之前，中国人都遵规守矩，懂得如何约束自己，如何做一个好人。而革命以后，自由在中国变少了，为什么？因为中国现在有了剪掉辫子的时髦之徒、那些从欧美归来的留学生，他们从上海的欧洲乌合之众那里学会了不守规矩，学会了做乌合之众而非好人；他们还得到驻于北京的英国外交官及海关总税务司的包庇纵容与扶持。[1]我的观点是：如果欧洲人、英国人，希望打倒德国军国主义、普鲁士军国主义，就必须先根除自己的乌合之众崇拜，约束本国的乌合之众，使之就范。

但是，尽管我说是英国人的乌合之众崇拜以及对乌合之众崇拜的纵容，导致了德国的强权崇拜及军国主义，我必须公正地说，这场大战的直接责任不在旁人，正在于德国人。

为了让诸位更好地理解这一点，请允许我回顾一下德国军国主义在欧洲的历史。在宗教改革引发的三十年战争结束后，德国人以其热爱正义、憎恨混乱与分裂的道德秉性，握起军国主义之剑，成为了欧洲正统文明的捍卫者。换句话说，德国人承担起了恢复欧洲正统秩序的责任，取得了欧洲的道德霸权。宗教改革后，腓特烈大帝效仿英格

---

1 为了证明归国的中国留学生已变成怎样的乌合之众，我在此讲一件事情：去年，一些学生在北京给《京报》写信，明确威胁要针对我在《中国的女性》一文中批评新派中国女性的观点组织一场围攻。而上述粗暴行为的煽动者、《京报》创办人、聪明的中国"绅士"陈友仁先生，现在正是由英国外交部与海关总税务司资助的英中友好协会的资深委员。——原注

兰的克伦威尔，挥起德国军国主义之剑，志在恢复整个欧洲，至少恢复了北部欧洲的秩序和统一。但看看他死后的情形吧，他的后继者完全不知道如何运用这把利剑来捍卫文明，根本不配掌有欧洲的道德霸权。结果，整个欧洲，甚至包括德国本土，都变成了丑恶深驻的无底深渊，只在表面留了一层虚饰的文明，以至于深受苦难的大众——法国的普通男女们，挥起了长矛，发动起义来反抗压迫。然而这些反抗压迫的法国人很快就沦为了乌合之众，并最终找到了一个伟大而又能干的领袖——拿破仑·波拿巴。在他的率领下，乌合之众们一路烧杀抢掠，洗劫了整个欧洲，直到各国终于在军国主义德国的身边联合起来，才于滑铁卢一役打败这位乌合之众的伟大领袖，结束了他的军事生涯。至此，欧洲的道德霸权本应归还给德国人，交给德国人的脊梁——普鲁士人，然而，奥地利帝国的其他民族却心怀嫉恨，他们阻止了这一切。结果，乌合之众们逃过了德国军国主义之剑的制裁，于1848年再度发起猛烈的暴动，险些摧毁欧洲文明。这一次，又是作为德国核心的普鲁士人，在其道德秉性的驱使下，挥舞起军国主义之剑，保住了君主政体（俾斯麦称之为王朝），将欧洲从乌合之众手中解救了出来。

然而奥地利人——构成奥地利帝国的其他民族，又一次心怀妒意，他们绝不允许普鲁士人接手欧洲的道德霸权，直到1866年，普鲁士国王威廉一世任用俾斯麦和毛奇，对他们诉诸武力，才夺回了它。之后，路易-拿破仑·波拿巴当上了法国皇帝，他唆使巴黎的乌合之众追随自己，去同德国人争夺霸权。尽管他的叔父是个伟大的乌合之众领袖，但这位拿破仑却只是一个骗子，用爱默生的话说，只是个成功的小偷。结果，威廉大帝挥起德意志军国主义的利剑，在色当教训了这位可怜又成功的小偷。法国的普通民众信任乌合之众和骗子，最后却发现，洗劫和烧毁他们房屋的，不是德意志的军国主义者，而恰恰是他们信任的乌合之众。从1872年起，德国人不仅在道德上，而且在实际政治上取得了欧洲的霸权，他们的骨子里流淌着日耳曼人的道德秉性，手中紧握军国主义的利剑，因而从1872年开始，欧洲得以享受了四十三年的和平。所以，咒骂德国军国主义，咒骂普鲁士军国主义的人，应该扪心自问，欧洲曾经是多么有幸能够拥有这种军国主义。

　　以上，我不厌其烦地叙述德国军国主义在欧洲的历史，就是想让德国人明白，我说这次大战的主要责任在他们，绝非出于成见。那么，原因究竟何在？只因，权力就意味着责任。

我曾说，是德国人对正义的强烈热爱，对分裂和混乱的极端憎恨，使他们迷信和崇拜强权。现在我要说，当这种热爱和憎恨愈演愈烈，并最终超出极限时，其本身也变成了一种不义，而且比分裂和混乱更加可怕、更加邪恶。古希伯来民族就是前车之鉴。他们曾给欧洲带来知识与爱，但也因对正义的过度热爱而产生了对不义的憎恨。这种强烈、狭隘、僵化的恨意，不断升级泛滥，最终导致了犹太王国的覆灭。耶稣基督，那位被马修·阿诺德形容为拥有无法言喻的柔和与理性的救世主，为了将他的子民从恨意中拯救出来，对他们说："效仿我的柔和与从容，你们的灵魂方得宁静。"然而，他自己的子民不肯听从他，反而将他钉上了十字架，最终亡了国。基督也告诫当时欧洲文明的保护者罗马人说："拔剑者必亡于剑！"然而罗马人对此不仅置若罔闻，还允许犹太人迫害基督，结果罗马帝国崩溃了，欧洲古代文明也随之覆灭。无怪乎，歌德说："人类要经历多少曲折，才能懂得宽恕罪者，善待犯人，以人性对待非人性？最先这样教导、践行、推动众人践行，甚至不惜为之献身的人，是真正具有神性的圣者。"

在此，我谨借用德国的伟人歌德的话向德国人呼吁：
除非他们摈弃那种过分强烈、狭隘、僵化的恨意，除非他
们摈弃对强权的迷信和崇拜，否则德意志民族会像犹太民
族一样灭亡。不仅如此，欧洲文明也会因失去了强力的捍
卫者，而像欧洲古代文明一样崩溃、衰亡。我认为，正是
这种过分强烈的恨意，导致德国人迷信强权；而又是这种
对强权的迷信，导致德国的外交官、政府和民众，在对待
其他民族时态度蛮横、轻率无礼。

如果有德国朋友叫我拿出证据，我只需将北京的克林
德牌坊指给他们看，那是个再好不过的例子。[1]正因为德国
人的这种强权崇拜，因为德国外交的蛮横无礼，连俄国沙
皇都说："我们已经忍了七年，是时候做个了结了。"正是
德国外交的蛮横无礼，使得热爱和平的俄国沙皇，使得全
欧最优秀、健壮、可爱、善良和仁慈的俄国人，选择与英

1 义和团运动期间，德国公使克林德前往总理衙门途中，遇清兵巡街盘
查，克林德开枪挑衅，被清兵击毙。德国政府以此为借口要挟清政府向德
皇道歉，并强迫清政府于1903年在东单大街克林德毙命处建一座纪念牌
坊，称为"克林德碑"。辜鸿铭曾对此评价称是"以这种在他人额头上留
下无法消除的污点的方式，羞辱整个中华民族。"1918年，克林德碑被
拆除，挪至中山公园内，改坊名为"公理战胜"。1952年更名为"纪念和
平"坊。

法的乌合之众和崇拜乌合之众者站在同一战壕，组成"协约国"，甚至让俄国人站在塞尔维亚的无政府主义乌合之众一边，引爆了这场战争。一言以蔽之，德国外交和德意志民族的蛮横轻率，要对这场战争负直接的责任。

如果，作为欧洲现代文明捍卫者的德意志民族不想覆灭，并想拯救欧洲现代文明，就必须摈弃那种狭隘、僵化、扭曲的恨意，摈弃对强权的迷信和崇拜。那么，在此之后，他们又该到哪里去找出路呢？我认为，伟大的歌德对此早有教诲，他曾说："世上唯有两种和平的力量：义与礼。"而义与礼，正是孔子为中国人确立的好人信仰的核心；尤其是礼，堪称中国文明的精髓。希伯来文明曾教授欧洲人以义，却没教授礼；希腊文明曾教授欧洲人以礼，而未教授义。只有中国文明的好人信仰，是义礼并重的。欧洲人依据希伯来《圣经》中对文明的设想，建立起了如今的现代文明。这部《圣经》教导欧洲人要热爱正义、品格正直、行为端正。而中国的"圣经"——四书五经，即孔子为中华民族保存的文明大纲，不仅也这样教导中国人，还补充了一条：要识礼。换句话说，欧洲的宗教教导："做一个好人。"而中国的宗教教导："做一个识礼的好人。"基督教教诲说："爱人类。"而孔子教诲说："爱之以礼。"我相信，这种既教导义，又教导礼的宗教（我称之为"好人信仰"），正是欧洲人，尤其是眼下的交战国人民真正需要的，它不仅能结束战争，还能拯救欧洲文明，拯救世界文明。欧洲人能从中国文明中找到的，就是这种新的宗教。为此，我试图在这本书中阐明中国文明的价值，希望所有受过教育的人，所有有头脑的人，所有读这本书的人，都能洞察这场战争的道德根源，团结起来，结束这场人类有史以来最残酷、最惨无人道、最无意义，并最可怕的战争。

要结束这场战争，我们首先必须根除乌合之众崇拜，继而消除强权崇拜，因为，它们正是战争的根源。消灭乌合之众崇拜的唯一办法，是人人都从日常生活中做起，从一言一行做起，摈弃一己私利，以歌德所说的"义"为出发点。孔子曰："君子喻于义，小人喻于利。"只有当我们不计私利、勇于拒绝加入乌合之众的行列时，我们才能逐渐消除乌合之众崇拜。伏尔泰曾讲："所谓的善良者的不幸在于，他们都是懦夫。"正是我们每一个人的自私和懦弱，导致了乌合之众崇拜。自私使我们见利忘义，懦弱使我们不敢站出来对抗群体、对抗乌合之众。所以，当有人说德国军国主义是当今世界的敌人和威胁时，我才说，今日世界真正的威胁，是我们每一个人的自私与懦弱。当个人的自私与懦弱掺杂在一起，就产生了商业主义。这种商业主义笼罩了全世界，尤其是英美两国，构成了对当今世界真正的威胁。我认为，这种根植于我们所有人内心的商业主义，才是当今世界最大的威胁，而非德国的军国主义。这种由自私与懦弱掺杂而成的商业主义，导致了乌合之众崇拜的泛滥，后者又导致德国的强权崇拜和军国主义，最终引发了战争。所以，要想真正结束这场战争，我们每个人必须首先消灭由自私与懦弱掺杂而成的商业主义，唯其如此，才能根除乌合之众崇拜。一旦乌合之众崇拜被根除，我们就能结束这场战争。

一旦根除了乌合之众崇拜，要消灭德国的强权崇拜、普鲁士的军国主义，就易如反掌了。对此，我们只须谨记歌德所讲的另一个词——礼，简而言之就是遵规守矩。因为，当人人都举止得体时，暴力、强权、军国主义乃至普鲁士军国主义，都将失去用武之地。这就是好人信仰的核心、中国文明的精神，也是歌德教给欧洲人的新文明的秘密：不以暴制暴，而是诉诸义礼。诉诸义礼，就是指践行正义、恭敬有礼、修养良好。这是中国文明的秘密与精髓所在，也是我在本书中将力图阐释的。

最后，我想以法国诗人布朗吉的几句诗给本篇作结。这几句诗，也是我在义和团运动后所发表的《尊王篇》一书的结尾，我觉得，用来形容当下的情形特别贴切：

> 我看到和平降临大地
> 撒播下花朵和果实的种子
> 气氛安宁
> 战神蛰伏的怒火渐渐消逝
> 啊！她呼喊道，同样英勇的
> 英、法、比、俄、德人
> 为组成一个神圣的同盟，
> 伸出你们的手来吧！

辜鸿铭

1915年4月20日于北京

导论 好人信仰

Introduction
The religion of good-citizenship

难道这样做有什么不对吗？

对于乌合之众，我们不得不愚弄他们；

看，他们多么懒惰愚蠢！看，他们多么野蛮狂热！

就是这样的乌合之众！亚当的子孙们，

在被你愚弄时，他们依然懒惰愚蠢、野蛮狂热，

而你仍然要有担当，唤起他们真正的人性！

——歌德

　　眼下这场大战，吸引了全世界的目光，令人无暇旁顾。不过我认为，这场战争必会令真正的有识之士，将注意力转移到有关文明的大问题上来。一切文明，都源于对自然的征服，即削弱、控制那可怕的自然之力，使人类免受其害。必须承认，较之其他任何文明，欧洲现代文明对自然的征服是最成功的。然而，世间有另一种力量，比暴

戾的自然之力更加可怕，那就是人性本身的冲动。比起人性的冲动所招致的灾祸，自然给人类的伤害简直算不了什么！因此，除非对人性的冲动这一可怕的力量加以适当的规范和遏制，否则显而易见，不仅文明将消亡，连人类都有可能灭绝。

在社会的原始和初级阶段，人类不得不借助外力来削弱和遏制人性的冲动，依靠武力来征服成群结队的野蛮人。随着文明的发展，人类发现了一种比武力更强大，也更有效的力量——道德力量。过去，在欧洲，曾有效地削弱和遏制人性冲动的道德力量是基督教。但眼下的这场战争，以及战前的军备竞赛，似乎都在说明，基督教作为一种规范道德的力量业已失效。正是由于缺乏有效的道德力量来遏制人性冲动，欧洲才退回到了靠武力来维持社会秩序的时代，卡莱尔曾贴切地形容说欧洲就是"无政府，有警察"。以武力维持社会秩序的必然结果，就是军国主义。其实，在缺乏有效的道德力量的今天，欧洲正需要军国主义，问题在于，军国主义会引发战争，而战争意味着消耗和破坏。于是，欧洲现在进退两难：放弃军国主义，文明会毁于无政府状态；放任军国主义，文明会在战火中土崩瓦解。英国人说，他们誓将消灭普鲁士军国主义。基齐勒（H.H.Kitchener）勋爵坚信，自己率三百万训练有素、装备精良的英军，就能摧毁普鲁士的军国主义。然而在我看来，当普鲁士的军国主义被铲除之时，就是另一个军国主义崛起之日，紧接着需要被铲除的，就是英国的军国主义了。这仿佛是一个恶性循环的怪圈，无路可逃。

那么，真的就无计可施了么？不，我相信必有出路。美国的爱默生早就说过："我可以轻而易举地看到，庸俗卑鄙的滑膛枪崇拜必将破产，哪怕大人物全都是滑膛枪的崇拜者；我敢对上帝起誓，暴力只会带来更多的暴力，唯有爱与正义的法则能完成一场和平的革命。"如果欧洲人真心希望消灭军国主义，就只有这一个办法：选择爱默生所说的，那种无须以暴制暴的力量——爱与正义的法则，即道德力量。有了道德力量，军国主义就丧失了必要性，就会自行消亡。然而问题是，在基督教这一道德力量业已失效的今天，欧洲人到哪里去找一套新的、行之有效的道德力量来代替军国主义呢？

我坚信，欧洲人能够在中国，在中国文明中，找到这种力量。这一能使军国主义自行瓦解的道德力量，就是中国文明的"好人信仰"。有人会说：中国也发生过很多战争。是的，中国发生过不少战争，但从两千五百年前，孔子的时代以来，中国就没有出现过今日横扫欧洲的军国主义。在中国，战争是偶发的；而在欧洲，战争已成了必需品。中国偶尔也起战端，但中国人不用总是活在战争的阴影下。其实，在我看来，眼下的欧洲最令人难以忍受的倒不是战争，而是整日的提心吊胆：人人都惶惶不可终日，怕邻居一旦强大了就会来掠夺和屠杀自己，于是，他们不得不自己武装起来，或是雇人来保护自己。因此，与其说让欧洲人不堪重负的是战争，倒不如说是那种不断加强军备的紧迫感。

在中国，由于有好人信仰，我们并不觉得有必要靠武力来保护自己，甚至极少需要警察或政府的保护。保护中国人的，是邻里间的道义感，是同胞们对道德责任的共同遵守。一个中国人，之所以感觉不到武力的需要，是因为人人都遵守道义；他确信，被普遍认可的正义和公理，是一种比武力更高的力量。一旦你能令全人类都认可，正义和公理是一种比武力更高等的力量、一致同意人人都应遵守道义，武力就变得毫无必要，世界上也就没有军国主义了。当然，每个国家都会有少数的罪犯，世界上也一定会有少数的野蛮人，因之，仍有必要针对他们维持一定规模的军队或警察力量，甚至军国主义。

有人会问，怎样才能令人类认识到这一点，即正义和公理是一种比武力更高级的力量呢？我的答案是，首先，你必须使人类认识到正义和公理的效能，令他相信，正义和公理是一种力量，即善的力量。如何实现这一点？在中国，好人信仰在每一个孩子启蒙之初，就教导他说：人之初，性本善。

在我看来，当今欧洲文明最根本的不合理之处，在于对人性的错误理解：它认为人性本恶。正是基于这一谬误，欧洲社会的主体结构才一直依靠暴力维系。欧洲人维持社会秩序靠两大法宝：宗教和法律，换句话说，就是对上帝的敬畏和对法律的畏惧。"畏惧"这一字眼，便暗含着使用暴力。于是，为了维持对上帝的敬畏，欧洲人必须供养一大批奢侈的闲人——教士；别的不说，光是费用就令他们不堪重负，三十年战争，本质上就是欧洲人为摆脱教士而打的战争。在摆脱了那些以维持人们对上帝的敬畏而生的教士以后，欧洲人又试图以对法律的畏惧来维护社会秩序，为此，他们不得不供养起了另一拨更昂贵的闲人——军警。如今，他们开始意识到，供养军警的费用比供养教士更加离谱。其实，正如三十年战争是为了摆脱教士一样，当前的这场大战，欧洲人真正渴望摆脱的是军队。然而，假设他们真的摆脱了军警，他们又将面临两个选择：要么召回教士，以维持对上帝的敬畏；要么找到别的什么力量，能像对上帝的敬畏或对法律的畏惧一样，维持社会的秩序。说穿了，就是这么回事，我想所有人都会承认，这将是一个欧洲在战后会面临的、关于文明走向的重大问题。

由于已经品尝过供养教士的滋味，我相信，欧洲人不会选择召回教士。俾斯麦就曾宣言："我们绝不再去卡诺莎。"[1] 退一步说，即便召回教士，也于事无补，因为人们

---

1 卡诺莎，意大利北部的古城堡。神圣罗马帝国皇帝亨利四世，因与罗马教皇格列高利七世争夺主教继任权而被教皇开除教籍，帝国境内诸侯趁机叛离。1077年1月，亨利被迫向教皇"悔罪"，他身着罪衣，立于城堡门口三日三夜，才得教皇赦免。这就是"卡诺莎之辱"。——译注

心中对上帝的敬畏早已荡然无存。于是，要摆脱军警，欧洲人唯一的选择就是找到另一种力量，能够像对上帝的敬畏或对法律的畏惧一样维持社会的秩序。我相信，欧洲人将在中国文明中找到他们想要的——我称之为好人宗教。这是一种不仰仗教士、军警，却能使整个国家的人民遵守社会秩序的宗教。得益于这一好人宗教，人口与整个欧洲大陆相当（如果不是更多的话）的中国，竟然在不依靠教士和军警的情况下，维持了和平与秩序。每一位到过中国的西方人都知道，在中国，教士、军警对于公共秩序只起次要的、无足轻重的作用。在中国，只有最无知的阶层才需要教士，只有最恶劣的罪犯才需要军警的督管。因此，我认为，若欧洲人真心想摆脱宗教和军国主义，摆脱曾带给他们无数麻烦和流血事件的教士和军队，就必须来中国，寻求我所说的好人宗教。

综上所述，在文明似正濒临崩溃的此时此刻，我希望欧洲人和美国人注意到，在中国还有一笔极其宝贵的、迄今未被世界认知的文明财富。它并非贸易和铁路，也不是金、银、铁、煤等矿产资源，而是中国人——尚未变质的、纯粹的中国人，以及他们的好人信仰，这是今日世界的文明财富。真正的中国人，是无比宝贵的文明财富，因为世界只需付出极小的代价，甚至不费一文，就能使他遵守秩序。在此，我由衷地告诫欧洲人和美国人，不要毁掉这笔宝贵的文明财富；不要像现在这样，试图以新学改变和腐化真正的中国人。

假如，欧洲人和美国人，成功地腐化了真正的中国人，毁掉了中国式的人格，将他们变成了欧洲人或美国人，也就是必须由教士或军警督管的那种人，这必将给宗教或军国主义增加负担，而此时此刻，后者正在成为人类文明的威胁。反过来说，假如有人能以某种方式改变欧美式的人性，将他们转变成不需要教士或军警就能遵守秩序的真正的中国人——想想看，那将给世界减轻多少负担！

现在，简要总结一下这场战争所暴露出来的，欧洲文明正面临着的大问题。起初，欧洲人试图通过教士来维护社会秩序，但是一段时间过后，人们发现供养教士费用沉重，且麻烦不断。于是，他们在三十年战争后送走了教士，转而以军警维持社会秩序。但如今，人们发现，军警比教士更昂贵，麻烦更多。那么，欧洲人现在该怎么办，送走军队，迎回教士？不，我相信他们绝不想迎回教士，何况迎回了也毫无用处。那该怎么办？

剑桥的洛斯·迪金逊教授在《大西洋月刊》上发表了一篇题为《战争与出路》的文章，提出的对策是"召回大众"。然而我担心，以大众取代教士和军队，只会带来更多的麻烦。是的，教士和军队会导致战争，但大众会导致革命和独裁，届时情况只会更糟。在此，我给欧洲人一个忠告：既不要召回教士，也不可召回大众；请来中国人，引进真正的中国人的精神，学习其好人信仰，学习那种不仰仗教士和军队，却维持了两千五百年和平的经验。

我真心相信，欧洲人会在这里，在中国，找到这个困扰战后欧洲的重大问题的答案。我重申一遍，在中国，还有一笔极其宝贵、迄今尚不为世界所知的文明财富。这笔财富就是真正的中国人，因为他掌握着欧洲人战后将渴求的新文明的奥秘，它就是我所概括的——好人信仰。

这种好人信仰的首要原则，是相信人性本善。相信善的力量，相信美国的爱默生所讲的"爱与正义的法则"。那么，什么是爱的法则？好人信仰教导说，就是爱你的父母。正义的法则又是什么？好人信仰教导说，就是坦荡、真诚、忠实，每一个女人都应绝对无私地忠于丈夫，每一个男人都应绝对无私地忠于君王，忠于他的君主或皇帝。

最后，我还想说明一点。作为好人信仰中最高责任的"忠诚"，不单是指行为的忠诚，还应包括灵魂的忠诚。正如丁尼生所言：

> 虔敬君主
> 如同他是民之良心
> 虔敬良心
> 如同它是民之君主
> 消除异端
> 拥护基督

中国人的精神

The spirit of the Chinese people

首先，请允许我就今天下午要讨论的主题略做解释。我将这篇论文的主题定为"中国人的精神"，并不仅仅是指中国人的性格特点。关于中国人的性格特点，之前已多有论述，但我认为这些描述或列举，于我们了解中国人的内在精神气质并无助益，对此，相信诸位也有同感。此外，即便是讲中国人的性格特点，也不可能一概而论。诸位知道，中国南方人和北方人的性格差异之大，就好比德国人与意大利人之迥然有别。

我所讲的中国人的精神，是指深深植根于中国人头脑、脾性和情绪之中，作为中国人生存之本，并将其与所有其他民族，特别是与现代欧美人区别开来的那种精神。或许，我应该将我要讨论的主题称作"中国式的人格"，这样最能表达我的本意。或者，说得再简单和直白些，就叫真正的中国人。

那么，什么是真正的中国人？此刻探讨这个话题尤为有趣，对此相信诸位与我必有同感。此刻在中国，我们环顾四周，看到的是中国式的人格——真正的中国人——正迅速地消亡，取而代之的，是一种新型的人格——所谓革新的或现代的中国人。因此我建议，在中国式的人格、真正的中国人彻底消失于世界之前，我们应当最后端详一番，看看能否在他身上找到什么天性、特质，那种特质使他从本质上区别于世界其他民族，也区别于我们今天所见的新型的中国人。

在传统的中国式人格中，首先会打动你的，是他性格里毫无强横、野蛮或暴虐的成分。借用一个形容动物的词汇，可以说，真正的中国人是一种驯养动物。即使从一个中国社会最底层的人为例，你也会同意我的说法，即，与欧洲社会同样阶层的人相比，他身上的动物性、野蛮性（德语叫"动物野性"）都更弱。在我看来，真正能概括诸位对于中国式人格总体印象的词，是英文中的"Gentle"，即"温良或文雅"。我所讲的温良或文雅，并非指天性柔弱或消极顺从。已故的麦高恩博士曾讲："中国人的温良，并非那种饱受蹂躏、心灰意冷的民族的温良。"我讲的温良或文雅，是指没有蛮横、强硬、粗野或暴戾，没有任何令你不快的东西。可以说，在真正的中国式人格中，有一种沉静、理智、节制的柔美，如同一块韧性良好的金属呈现的质感一样。一个真正的中国人，即使他有什么体格或道德上的缺陷，这缺陷也会由于其精神气质的温文尔雅而获得补救，或至少得以弱化。真正的中国人也许粗野，但粗野中没有卑劣；真正的中国人也许丑陋，但丑陋中没有凶恶；真正的中国人也许粗俗，但粗俗中没有强横和嚣张；真正的中国人也许愚笨，但愚笨并不至于荒唐；真正的中国人也许精明，但精明中并未深藏恶意。总而言之，哪怕是在真正的中国人的身体、头脑和性格的缺点与瑕疵中，也没有令你深恶痛绝的成分。你很难在老派中国人里，哪怕是最底层的中国人里，找到让你极其厌恶的类型。

我曾提到，中国式的人格给人的总体印象是温良，是那种难以言喻的文雅。当你深入分析真正的中国人这种难以言喻的温良品质时，会发现，这是同情与智能两相结合的产物。我曾将中国式的人格类比为驯养动物。驯养动物在哪方面有别于野生动物呢？我们认为，是它更通人性。人又在哪方面区别于动物呢？我们认为，是智能。不过，驯养动物的智能并非思维的智能，它既不基于思维推理，也非基于本能，不是狐狸那种总知道去哪儿能找到小鸡吃的动物本能。像狐狸这种源自本能的智能，但凡是动物都具备，野生动物自然不例外。驯养动物那种可被称作"通人性的智能"的东西，迥然有别于狐狸式或动物性的智能。驯养动物的智能，不基于思考，也不出自本能，而是出于同情，出于一种爱与依恋的感情。一头纯种的阿拉伯马能理解它的英国主人的指令，不是因为它懂英语语法，也不是它对英语有什么天分，而是因为它爱主人、依恋主人。这就是我所讲的人的智能，而非仅仅是狐狸式或动物性的智能。正是这种"人性特质"，使驯养动物区别于野生动物。同样，正是拥有这种富于同情心的、真正的人性智能，使真正的中国人具备了中国式的人格，拥有了那种难以言喻的温文尔雅。

我曾在某处读到过一位在中日两国都居住过的外国人的话，他说，外国人在日本住得越久，就越不喜欢日本人，而在中国住得越久，就越喜欢中国人。我不清楚他关于日本的说法是否属实，但相信在座所有的在中国居住过的人，都跟我一样，同意他对中国的说法。外国人在中国住得越久，对中国人的喜欢——也可称之为对中国人的偏爱——就与日俱增，这是众所皆知的事实。在中国人的身上，哪怕他缺乏卫生习惯或优雅教养，哪怕他的头脑和品格有很多缺陷，依然会有一些难以言喻的特质，令外国人喜欢他们远胜于喜欢其他民族。这一难以言喻的特质，我把它叫作"温良"，它能在外国人心目中削弱、减轻——假如还实现不了救赎的话——中国人体格或道德上的缺陷。再强调一遍，正如我之前向诸君阐明的，这种温良，是我所说的同情或真正的人类智能的产物，这种智能，既非基于思考推理，也非基于本能，而来自于同情——来自同情心的力量。那么，中国人为什么特别富于同情心呢？

对于这一点，我在此斗胆给出一种解释，当然，诸位也可以称之为一种假设。中国人之所以有如此强的同情心，是因为他们完全（或者说几乎）过着一种心灵生活。一个中国人的全部生命，是一种感性的生命，这种感性不是来自身体器官的肉体感觉，也不是源自神经系统的情绪冲动，而是来自我们天性的最深处——心灵或灵魂——的感受，或曰"人性情感"。其实，真正的中国人过着如此感性的生活、如此灵性的生活，以至于，有时甚至可以说他忽视了许多应做之事，忽视了一个在世间生活的、有灵有肉的人在感官上的很多需求。这也解释了为什么中国人对于脏乱环境通常无动于衷，对精致装饰的匮乏也毫不介意。当然，这些是题外话了。

中国人富于同情心，是因为他们完全过着一种心灵生活，一种充满人性情感的生活。针对这一心灵生活的内涵，请允许我先举两个例子作必要的解释。第一个例子，在座的诸位中，或许有人认识我在武昌的一位老朋友和老同事，梁敦彦先生，知道他曾在北京担任过外务部尚书。当初，梁先生接到汉口道台的任命时，曾经欣喜若狂，但他告诉我说，这并不是因为他渴慕权力或是从此将荣华富贵（我们当时在武昌都很穷），他之所以发誓成为一个达官贵人、享有顶戴花翎，只是希望让他的母亲开心，因为，他的升迁能令他远在广东的老母亲感到欣慰和愉快。这就是我所说的，中国人所过的心灵生活—— 一种充满人性情感的生活的内涵。

另一个例子。我的一位在海关工作的苏格兰朋友告诉我说，他曾有过一个中国仆人，那人是个十足的流氓，不但撒谎、敲诈，还嗜赌成性。可是，当我的朋友由于伤寒和高烧，病倒在一个偏僻的港口、身边没有任何同胞能照料自己时，居然是这位中国仆人，这个可恶的流氓，全心全意地照料他，其细致和周到，甚至远胜于自己的密友和亲属。我记得，《圣经》中有一句话讲的是一个女人，这句话，也可以用来形容那个仆人，甚至形容所有的中国人："多给他们一些宽恕吧，因为他们爱得深沉。"旅居中国的外国人，他们的眼睛和头脑发现了中国人性格、习惯上的诸多缺陷与瑕疵，但他们的心灵，仍为中国人所吸引，因为中国人过着一种心灵的生活、感性的生活，或者说，充满了人性情感的生活。

现在，我们已经抓住了一条线索，可以借此探索中国人富于同情心的奥秘，理解究竟是什么，令真正的中国人拥有了那种富于同情心的、真正的人性智能，那种难以言喻的温文尔雅。下面，让我们进一步来验证这条线索或假设，让我们看看，就"中国人过着心灵生活"这一线索，除了解释以上两则看似孤立的事件外，还能不能解释我们在中国人的现实生活中所见到的更普遍的现象。

首先，我们以汉语为例。既然说，中国人过着一种心灵生活，那么汉语也就是一种心灵语言。众所周知，在旅居中国的外国人中，儿童和文盲掌握汉语相对都很轻松，比成年人或受过教育的人要容易多了。原因何在？——因为儿童和文盲，是用心灵的语言来思考和交流的，而受过教育者，尤其是受过现代欧式的智力教育者，是用头脑或智力的语言来思考和交流的。其实，受过教育的外国人觉得汉语难学，恰恰是因为他们受教育的程度太高了，所受的智识教育、科学教育太多了。《圣经》里有一句形容天国的箴言，也可以用来形容汉语："除非你变成一个孩子，否则难以学会它。"

我们再以中国人生活中另一个众所皆知的事实为例。中国人素以记忆力超群著称，其中有何奥秘？奥秘就在于，中国人是用心灵而不是头脑来记事的。心灵中的"同情心"，就像胶水那样具有附着性，相对地，头脑或智识就显得干瘪和僵硬。同理，这也是为什么我们童年时的记忆力远强于成年后，因为在孩童时期，我们跟所有中国人一样，是用心灵而不是头脑来记事的。

再举一个众所周知的事例：中国人的礼貌。常有人评价中国是礼仪之邦。这种真正的礼貌，其核心是什么？是对他人感受的体谅。中国人之所以有礼貌，原因就在于，过着心灵生活的民族能觉知自己的感受，所以无须费力就能体谅别人的感受。中国人的礼貌不像日本人的礼貌刻意，令人非常愉快，正像法语中那句绝妙的表达：la politesse du Coeur（发自内心的礼貌）。日本人的礼貌，相对就显得刻意和不那么令人愉快，我听到过一些外国人对此表示厌烦，因为那是一种编排过的礼貌——如同在戏剧表演中刻意习得的礼貌那样，而不是自然流露或发自内心的。日本人的礼貌就像缺少香气的花朵，而真正礼貌的中国人的礼仪是由心而发，因而像名贵的香膏般芬芳馥郁。

最后，让我们关注一下中国人的另一个性格特质——缺乏严谨。明恩溥先生正是因为提出了这一观点而声名大噪。那么，中国人不够严谨的原因何在？还是因为，他们过着心灵的生活。心灵是纤细和敏感的，它不像大脑或智力那样，是一套僵硬、精准、死板的工具。如果你用心灵思考，就要割舍大脑思考带来的稳定性和精准性——至少，要做到这一点是极其困难的。事实上，我们可以用中国的毛笔来比喻中国人的头脑。用毛笔写字和作画非常困难，但一旦你掌握了它，就将得心应手，能创造出美妙优雅、无与伦比的书画，那是西方的钢笔所远远不及的。

以上，就是与中国人的生活相关的几个简单事实，任何人，哪怕是完全不认识中国人的人，都能在现实生活中看到它们、理解它们。我想，通过对这些事实的验证，我已经证明了我的假设——中国人过着一种心灵的生活。

正是由于中国人过着一种心灵生活，一种孩童式的生活，所以他们在很多方面都显得简单而淳朴。作为一个已经在世界上屹立数千年的泱泱大国，中国人的生活，却迄今仍在很多方面表现出一种原始的淳朴，这一点的确令人震惊。正是因为这一点，令肤浅的留学生们认为中国的文明已经僵化、停滞，没有任何进步。当然，必须承认，就纯粹的智识生活而言，中国人在某种程度上的确发展滞后，正如诸位都了解的那样，中国人不仅在自然科学方面进步缓慢甚至停滞不前，在纯理论科学如数学、逻辑学、形而上学等方面也是如此。甚至，就连欧洲语言中的"科学"和"逻辑"，在汉语中都没有确切的对应词汇。中国人，就像过着心灵生活的孩童那样，对这些理论科学毫无兴趣，因为它们都无须心灵和情感的参与。事实上，对于任何不涉及心灵和情感，比如统计数表之类的东西，中国人都反感得近乎厌恶。而如果连统计数表和纯理论科学都令中国人反感，那么，像今日欧洲的自然科学为验证某个结论，而要对动物进行活体解剖之类的事，将令中国人感到恶心和惊恐。

我承认，单就纯粹的智识生活而言，中国人在一定程度上的确发展滞后。今天的中国人仍然过着一种孩童的生活、心灵的生活。就此而言，华夏民族尽管存在已久，却至今仍是一个孩童式的民族。但有一点是诸位必须谨记的，那就是，这一在很多方面原始淳朴的、过着心灵生活的孩童式的民族，却有一种思想的，或理性的力量，那是所有原始的民族所缺乏的。这种思想或曰理性的力量，使中国人能正确处理社会生活、政府管理和文明发展中最复杂、最困难的问题，我敢说，这种成就超过不论古代还是现代的欧洲民族。这一成就非凡而卓越，它真真切切地使亚洲大陆上绝大部分的人口，实现了在同一帝国内的和平共处。

实际上，在此我要指出的是：中国人最美妙的特质并非他们过着一种心灵生活。所有的原始民族都过着心灵生活，欧洲中世纪的基督徒们也过着心灵生活。马修·阿诺德曾言："中世纪基督徒诗人靠心灵和想象生活。"我认为，中国人的优异之处在于，他们在过着心灵生活、孩童生活的同时，还有一种思想的或曰理性的力量，这一点，是你在中世纪的基督徒或任何其他原始民族身上找不到的。换句话说，作为一个有着悠久历史的成熟民族，一个有着成年人理性智慧的民族，他们至今仍能过着孩童式的生活或曰心灵的生活，这是中国人的优异之处。

所以，与其说中国是一个发展滞后的民族，不如说中国是一个永不衰老的民族。简言之，中国人最美妙的特质就在于——他们掌握了永葆青春的秘密。

现在，我们可以来回答开头提出的问题了，什么是真正的中国人？我们看到，真正的中国人的生活，既有成人的理性，也有儿童的心灵。简言之，真正的中国人兼具成人的头脑与儿童的心灵。中国人的精神则是一种永葆青春的精神，一种民族永生的精神。那么，这种民族永生的奥秘何在？你该记得，我在讨论之初曾讲过，令中国式的人格、真正的中国人拥有那种无法言喻的温良气质的，是富于同情心的、真正的人性智能。这种真正的人性智能，是同情与智能的结合，是心灵与头脑和谐共荣的结果。简而言之，就是灵魂与智慧的融洽结合。如果说中国人的精神是一种永葆青春的精神，一种民族永生的精神，那么，这种永生的奥秘就在于灵魂与智慧的完美结合。

诸位该问了，中国人是如何，以及从哪里得到了这种民族永生奥秘的？作为一个民族，一个国家，他们从何处获取了这种灵魂与智慧完美结合的奥秘，从而能永葆青春？答案当然是：从他们的文明中。诸位肯定不希望在剩余时间里都听我滔滔不绝地讲中国文明，所以，我将努力就中华文明中选择与这一话题相关的几个方面，加以阐释。

首先，在我看来，中华文明与当代欧洲文明有一个巨大的、根本性的差异。在此，我需要引用当代著名艺术评论家伯纳德·贝伦森的一个精辟论点。在对比欧洲文明和东方文明时，贝伦森讲道："我们欧洲的艺术注定要沦为科学，几乎没有一部杰作不是学科划界的战场。"如同贝伦森先生对于欧洲艺术的观点，我认为，欧洲文明本质上就是学科划界的战场，一方面是科学与艺术两个不同范畴的斗争，另一方面则是宗教与哲学之战，同时，它还是头脑与心灵——即智慧与灵魂——不断冲突的惨烈战场。而在中华文明中，至少在过去的两千四百年里没有这种冲突。在我看来，这是中华文明与当代欧洲文明一个巨大的根本性差异。

换句话说，我认为在当代的欧洲，宗教能够满足人的心灵，却无法满足头脑；哲学能满足人的头脑，却无法满足心灵。再来看看中国，有人说中国人没有宗教，的确，中国普通大众并不虔诚地信教（我指的是欧洲语境中的宗教）。不管是道教还是佛教，中国的各种庙宇、仪式、庆典，更多具有的是娱乐性，而非教化作用。可以说，它们触发的更多是中国人的美感，而非宗教的或道德的情感；它们更多诉诸的是人们的想象，而非心灵或灵魂。但是，与其说中国人没有宗教，更恰当的说法应该是：中国人不需要宗教，中国人没有对宗教的情感需求。

中国人，甚至中国的普通大众，都没有对宗教的情感需求，这个特殊的现象该如何解释？对此，已经有一位英国人做出了尝试，伦敦大学的汉学教授罗伯特·道格拉斯在对孔子学说的研究中讲道："已经有超过四十代中国人完全信奉同一个人的教诲。孔子作为一个地道的中国人，他的教诲十分契合被教导者的天性。中国人属蒙古人种，其黏液质的头脑天生不善思辨，天然地排斥探究超出自身经验事物，再加上他们对来生的观念从未被激发，因此，像孔子的那一套朴素、注重实际生活的道德体系，就足以满足中国人的需要。"

这位渊博的英国教授说，中国人不需要宗教的原因在于他们有孔子的教诲，这一点完全正确。但他还说，原因也在于蒙古人种的黏液质头脑，这就完全错了。宗教属于情感范畴，涉及的是人的灵魂，而不是思辨。哪怕是非洲的野蛮人，一旦他们脱离了纯粹的动物生活、内心的灵魂开始觉醒，就会产生对宗教的情感需求。因此，尽管说蒙古人种的头脑或许是黏液质的、不善思辨的，但属于蒙古人种的中国人，仍毫无疑问是比非洲的野蛮人更高级的人类，无疑也拥有灵魂，而只要有灵魂，他就有对宗教的需求。除非，有某些东西能取代宗教在他心目中的位置。

实质上，中国人缺乏对宗教的情感需求，是因为孔子的儒家学说已经建立起一套哲学伦理体系，一套关于人类社会与文明的综述，能取代宗教的位置。有人讲，儒家学说并非宗教，的确，儒学不属于欧洲语境下的宗教。而我认为，这正是儒家的伟大之处。儒家的伟大之处正在于，它不是宗教，却能取代宗教，能使人们不再需要宗教。

要理解这一点，我们首先得找出人类需求宗教的原因。在我看来，人类需求宗教，与需求科学、艺术和哲学基于同一原因——他们有灵魂。以科学为例，这里我指的是自然科学，人类为何要研究科学？现在很多人认为，人类研究科学是因为他们想要铁路和飞机。然而，推动科学家进行科学研究的动力，绝不是对铁路和飞机的需求，如果像当今的所谓改良派中国人那样，仅仅是为了铁路和飞机而研究科学，那么人类永远也不会拥有科学。在欧洲历史上，那些真正推动了科学进步，使铁路和飞机成为可能的真正的科学家，他们考虑的根本不是铁路和飞机的问题。促使他们推动科学进步，并使铁路和飞机得以实现的，是他们灵魂深处的渴望。他们渴望理解我们所处的这个神奇的宇宙，理解宇宙中那些令人惊叹的奥秘。所以，我认为，人类对宗教的需求，与对科学、艺术和哲学的需求是基于同一原因，即，人类是一种有灵魂的存在。由于拥有灵魂，而灵魂不像动物那样只关注当下，灵魂既关注当下也关注过去和未来，因此人类渴望了解这一他所置身的宇宙。如果人类对宇宙万物的性质、规律、用途和目的都毫无概念，就像被关在小黑屋里的孩子一样，会对周围的一切都感到危险、害怕和不确定。正如一位英国诗人所说的那样，宇宙的奥秘，沉重地压迫着人类。也正因为此，基于与需求科学、艺术和哲学同样的原因，人类需求宗教，以减轻自己所背负的那——

　　人生之谜的重负……
　　幽晦难明的尘世的如磐重压

　　艺术和诗歌，能令艺术家与诗人体验到宇宙的美丽和秩序，从而减轻宇宙的奥秘给予他们的压力，所以，像歌德这样的诗人不再需要宗教，他说："拥有艺术者，同时就拥有了宗教。"哲学，也使哲学家得以认清宇宙的法则和秩序，减轻宇宙的奥秘给予他们的压力，因此，像斯宾诺莎那样的哲学家也不需求宗教，有句话说得好："智者通过摘得智慧之冠抵达圆满，正如圣人通过摘得宗教之冠臻于圆满那样。"最后，科学，也使科学家认清了宇宙的规律和秩序，减轻他们理解宇宙奥秘的重担，因此，如达尔文和海克尔教授这样的科学家也不需求宗教。

　　然而，普通的大众们，他们既非诗人、艺术家，亦非哲学家或科学家，他们生计艰辛，无时无刻不面临自然灾害的威胁，面临来自他人的残酷压迫。对他们来说，有什么东西能减轻那"幽晦难明的尘世的如磐重压"？是宗教。宗教又如何减轻这种重担？通过给人以一种安全感和永恒感。在面临自然力量的威胁，或面临他人残酷无情的压迫而感受到神秘和恐惧时，宗教给予人类庇护，从这种庇护中，人们找到了安全感。这种庇护是一种信念，它使人相信有一种超自然的存在，它对有可能危害人类的元素拥有绝对的权威和控制。当人类面对生活中的各种无常，面对岁月变迁和人世浮沉，面对出生、童年、青年、老年和死亡，并因此感到神秘与恐惧时，宗教也给予他们一种庇护，在这种庇护里，人们能找到一种永恒感，它是对永生的信念。因此我认为，宗教通过提供一种生存的安全感和永恒感，为既非诗人、艺术家，也非哲学家或科学家的普通大众，减轻理解宇宙奥秘的重担。基督曾讲："我赐予你们的安宁，既非由世界所赋予，也不会为世界所剥夺。"也就是我所说的，宗教给人类大众带来的有关生存的安全感和永恒感。于是乎，除非你能找到一种东西，它能像宗教一样给人类大众带来同样的安宁，带来同样的安全感和永恒感，否则，大众将始终怀有对宗教的需求。

而就像我说过的那样，儒学虽不是宗教，却能取代宗教。那么，它一定拥有什么特质，能像宗教一样给予人类大众安全感与永恒感。让我们来进一步探究。

常有人问我，孔子究竟为中华民族贡献了什么？对此我可以罗列许多方面。但今天时间有限，我只能试着向诸位阐释孔子为中华民族所做的最根本、最重要的贡献。对于这项贡献，孔子在他的有生之年也曾说过，后世会因此而记得他，会明白他为大家做了什么。等我解释完，诸位就会明白儒学究竟有"什么"，是能像宗教一样给予人类大众安全感与永恒感的。为了能充分阐释清楚，请允许我先对孔子和他的生平做一个简要的说明。

在座的很多人可能都知道，孔子生活在中国历史上的一段扩张时期。那时，封建时代已经走到尽头，半宗法式的社会秩序和政治制度亟待发展和重建。这种大变革的时代，必然会不仅带来世界秩序的动荡，还会造成人们思想的混乱。我曾说，中华文明中两千五百年来不存在心灵与头脑的冲突，我也必须坦白地讲，在孔子生活的时代，处于历史扩张时期的中国，与当今的欧洲极为相似：人的心灵与头脑之间存在着剧烈的冲突。在孔子的时代，中国人置身于一套庞大的体系中，这是一套从令人敬仰的祖先那里继承而来的、庞大的社会和文明体系，有着无数的制度、成规、教条、惯例以及法律，他们必须在这套体系之内继续自己的生活。然而，他们开始感觉、开始意识到，这套体系既非自己所创，也完全不符合现实生活的需要。对于他们来说，这套体系虽是惯例，却不见得合理。两千五百年前中国人的这种觉醒，就类似于欧洲人所谓的现代精神的觉醒——那种自由主义的精神，那种寻求事物来龙去脉的探索精神。中国当时的"现代精神"意识到，旧的社会秩序已不符合现实生活的需要，因而，它不仅试图重建一套社会文明秩序，还要为其找到新的理论基础。但是，所有的为新秩序探索理论基础的努力和尝试都失败了。有一些理论，虽能够满足中国人的头脑——满足智识的需求，却无法满足他们的心灵；另外一些，能满足心灵，却无法满足头脑。于是，两千五百年前的中国，像当今的欧洲一样，产生了心灵与头脑的剧烈冲突。这种在人们试图建立新的文明秩序的过程中所产生的心灵与头脑的剧烈冲突，使中国人对所有文明都心生不满，由此而生的痛苦和绝望甚至使他们想推翻、摧毁所有的文明。在当时的中国，有一些人，例如老子，就像当今欧洲的托尔斯泰一样，曾亲眼目睹心灵与头脑的冲突给人们带来的不幸和苦难，以至于认为，眼前的社会与文明的本质和体系都是错误的。老子及其最出色的学生庄子，告诫中国人，应当抛弃所有文明。老子对中国人讲："抛开一切，跟随我来；随我去那山林中，去那山林的隐居之处，过一种真正的生活——一种心灵的生活、永恒的生活。"

孔子同样看到了这种心灵与头脑的剧烈冲突所带来的不幸和苦难，但他认为，罪恶不在于社会与文明的本质和体系，而在于社会与文明的运行方式，在于人们据以建立社会和文明的理论根基。孔子教导中国人说，不要抛弃自己的文明。孔子教导说，在一个真正的社会，真正的文明—— 一个有着正确的理论根基的文明里，人也能过一种真正的生活，一种心灵的生活。事实上，孔子的一生就致力于将社会和文明引上正轨，赋予它一个真正的根基，以防止其毁灭。然而，在生命最后的日子里，他已经看到自己无力阻止中国文明的毁灭了。那该怎么办呢？正如一个建筑师，眼睁睁地看着自己的房子起火、燃烧，坍塌在即，明知已无法拯救这栋建筑时，他该怎么做？唯一能做的，就是将这栋建筑的蓝图保存下来，使它未来还有重建的可能。因此，在发现中华文明的广厦已趋于崩塌、自己无力挽回之际，孔子决定将中华文明的蓝图保存下来。这就是流传至今的"中国的圣经旧约"：《五经》，五部经典。这就是我所说的，孔子对中华文明的重大贡献——他保存了中华文明的蓝图和基本架构。

孔子将中华文明的蓝图拯救出来并予以保存，是对中华文明的一大贡献，但还不是他为中华民族所做的最根本、最重要的贡献。他的最大贡献，在于保留中华文明蓝图的同时，还创立了一套新的学说，以综合并阐释这一蓝图。通过这项工作，他使中国人形成了真正的国家观念，从而为这个国家确立了一个真实、理性、永久、绝对的基础。

然而，从古代的柏拉图、亚里士多德，到现代的卢梭、赫伯特·斯宾塞，都曾针对文明建立过学说，并试图为"国家"建立一个准确的定义。那么，这些欧洲伟大人物的哲学、他们关于文明的学说，与儒家关于文明的学说，与儒家的哲学和道德体系之间有何不同？在我看来，区别就在于，柏拉图、亚里士多德、斯宾塞的哲学，无一例外地，既没有变成宗教，也没有替代宗教的位置继而成为整个民族或普通大众的共同信仰。而儒学对于中国的普通大众而言，则变成了宗教，或曰宗教的替代品。这里所讲的宗教，并非狭义的欧洲语境中的宗教，而是广义的普遍意义上的宗教。歌德曾言："唯有民众懂得什么是真正的生活，唯有民众过着真正的人类生活。"当我们讲到广义的宗教时，我们通常是指如歌德所说的，被广大民众认可或至少被一个民族或国家的普通大众认可并接受的，真实存在的、有约束力的一套学说和规则。从这一广义来讲，基督教和佛教是宗教，而儒学也变成了一种宗教，因为它的学说为全体中国人所接受并认可，它的行为规则产生了实际的约束力。相反，柏拉图、亚里士多德、赫伯特·斯宾塞的哲学没有变成这种广义的宗教。这就是我所说的，儒学与柏拉图、亚里士多德、斯宾塞哲学的区别——后者始终只是一种哲学思想，只有学者能够理解它；而前者变成了适用于中华民族全体（包括学者在内）的宗教，或曰宗教的替代品。

广义上，我认为儒学与基督教和佛教一样，是一种宗教。诸位也许记得我曾说，儒学并非欧洲语境中的宗教，那么，两者有何区别？区别当然包括后者带有超自然色彩的起源，而前者没有，但不限于此。除此之外，儒学与欧洲语境中的宗教例如基督教和佛教还有一大区别——宗教教导人成为一个好人，而儒家学说的教诲不止于此，它同时教导人要成为一个好的公民。基督教的教理问答中会问："作为一个人的终极意义是什么？"而儒家的教理问答则问："作为一个公民的终极意义是什么？"儒家要求于人的，不在于他自身，而在于他同别人的关系、同国家的关系。基督徒对教理问题的答案是："人的终极意义在于宣示上帝的荣耀。"而儒家的回答则是："人的终极意义在于成为孝顺的儿子、忠诚的公民。"在《论语》中，孔子的弟子有子（有若）讲道："明智之人关注生命的根本——人的终极意义。有了根本，就有了智慧与信仰。人作为一种道德载体，其终极意义在于成为孝顺的儿子、忠诚的公民，这不就是根本吗？"简而言之，欧洲语境中的宗教，其目标是将人改造为完美的理想的人，把人变成圣人、佛或天使，而儒家只求现实的目标，即引导人成为一个好的百姓、一个孝子好人。换句话说，欧洲语境中的宗教教导："如果你想拥有宗教，你必须变成圣人、佛或天使。"而儒家教导："如果你成为孝顺的儿子、良好的公民，你就已经拥有宗教。"

　　其实，儒家与欧洲语境中的基督教或佛教的区别就在于：后者是一种个人的宗教，或曰教堂宗教；前者是一种社会宗教，或曰国家宗教。我曾讲过，孔子对中华民族的最大贡献就是确立了"国家"的真正概念。在确立这一概念的同时，孔子将其变成了一种宗教。在欧洲，政治是一门科学，而在中国，自孔子时代起，政治成为一种宗教。所以说，孔子对中华民族的最大贡献是建立了一个社会宗教或曰国家宗教。孔子将这种国家宗教，写进了他在生命的最后时光中所著的《春秋》一书。他将之命名为《春秋》，是因为该书旨在探究导致国家像春天和秋天一般盛衰兴亡的道德根源。这部书也可以叫作《现代编年史》，就像卡莱尔的《现代短论》一样。在书中，孔子回顾了社会和文明走向邪恶、衰败，并最终引发灾难与痛苦的历史，他追根溯源，指出这种灾难与痛苦的根源就在于人们缺乏真正的国家概念，没有正确认识到自己应向国家、向君主承担的义务。在某种程度上，孔子在这部书中宣传了君权神授的主张。我知道，在座诸君，或起码大多数人都不信奉君主的神圣权力。让我们暂且搁置分歧，请诸位先不轻易下结论，容我把话讲完，也容我引用卡莱尔的一句名言："君权对于我们来说，要么是神圣的权力，要么是魔鬼般的罪恶。"在这个问题上，希望诸位牢记并深思卡莱尔的这句话。

　　孔子在《春秋》中教导人们说，在社会的交往中，影响人们行为的，除了趋利避害的基本动机以外，还有一种更高尚、更纯粹的动机叫作"责任"（"分"），它比所有其他本能的动机都更高尚。以此类推，在所有社会关系中最重要的关系——君民关系中，也存在这种更高尚、更崇高的动机，它能影响和启发人的行为。那么，说一国的民众应当对君主承担责任，有什么合理依据呢？在孔子之前的封建时代，社会秩序和政治制度都是半宗族制的，也就是说，国基本上等同于家，民众并不强烈需求一个明确坚实的理论依据，来解释和支撑他对于国君的义务，因为他们都属于同一个宗族或家庭，国君通常还是宗族或家庭的长者，亲族关系或血缘纽带已经在某种程度上将他与国君相关联了。然而到了孔子的时代，封建制度正趋于消亡，国的规模已远远超过家族的范畴，一国的民众不再局限于同一宗族或家庭。因此，有必要就民众应向君主承担的责任这一问题，找到新的明确、合理又坚实的依据。孔子为之找到了怎样的新依据呢？那就是——名分大义。

去年我在日本时，前文部大臣菊池男爵请我翻译《春秋》中的四个汉字——名分大义，我将之译为"有关名誉与职责的根本原则"。中国人正是以此将儒家与其他所有宗教区别开来的。他们不称儒家学说为"教"，因为"教"是汉语中对宗教的总称，其他宗教的名称中都有这个字，例如佛教、伊斯兰教和基督教。中国人称儒家学说为"名教"——荣辱之教。孔子学说中的"君子之道"，理雅各教授将其翻译为"上等人之道"，欧洲词汇中最贴切的表达则是"道德法则"。而君子之道的字面意思是"道路"——有修养者之道。孔子所教导的哲学与整套的道德体系，用一句话概括就是"君子之道"。孔子将这一君子之道编纂成文，把它变成一种宗教——一种国家信仰。在这套国家信仰中，第一信条就是名分大义——"有关名誉与职责的根本原则"，或可称之为"荣誉法典"。

在这一国家信仰中，孔子教导说，人内心的荣辱感和君子之道，是一个国家，甚至所有社会文明唯一真实、理性、永久和绝对的基础。我相信，在座的诸位，哪怕是不相信政治中有任何道德可言的人，都同意这种荣辱感对于人类社会是很重要的，不过我恐怕，并不是所有人都相信它的必要性。对此，我必须指出，对于任何形式的人类群体而言，这种内在的荣辱感都是绝不可少的，就像成语"盗亦有道"所说的那样，连在盗贼团伙中也不能例外。一旦失去这种荣辱感，所有的社会和文明都将在瞬间土崩瓦解，化为乌有。何以如此？让我们以社会生活中一件微不足道的小事——赌博来说明。当人们坐下来赌博时，除非他们全都认识到，并感觉到这种内在的荣辱感，约束自己在某种颜色的纸牌或骰子出现时必须支付赌资，否则赌局就无法进行下去。同样地，除非商人们都认识到并感觉到内心的荣辱感，约束自己必须履行合同，否则所有的交易都将被迫终止。诸位可能会说，违反合同的商人会被告上法庭，的确，可要是没有法庭又会怎样？再说了，法庭是如何让商人履行合同的？只能通过暴力强制，所以，如果荣辱感缺失，就只能靠暴力将社会勉强维系一段时间。但我后面会进一步阐释，单靠暴力，是绝对无法长久地维系社会的。警察可以通过暴力迫使商人履行合同，那么律师、法官，甚至共和国的元首们，又是如何让警察履行自己的职责的呢？诸位该知道，这是无法靠暴力实现的。那靠什么？要么是警察自身的荣辱感，要么是哄骗。

近代以来，全世界（很遗憾，也包括中国在内）的律师、政客、法官、国家首脑，都是通过哄骗的手段，令警察履行职责的。在要求一个警察履行自己的职责时，他们会说这是为了社会的需要，或为了国家的福祉。社会的需要，意味着警察本人可以按时领取薪水，以免他自己和全家冻饿而死。这种说法，在我看来就是哄骗。因为所谓的"国家福祉"，在我看来，对警察而言不过是每周的十五先令，他借此只能勉强糊口；而对于律师、政客、法官或元首而言，则意味着每年一两万英镑的高薪，他们能住在精致的别墅里，开着汽车，用上电灯，过上舒适奢侈的生活，全都建立在成千上万人的血汗之上。我称之为哄骗，是因为如果不承认内心的荣辱感——那种使赌徒将兜里最后一个铜子儿自觉付给赢家的荣辱感，那么，造成社会贫富不均的一切，所有的财产占有和转移行为，就都失去了依据，失去了约束力。因此，虽然那些律师、政客、法官、元首们侈谈着社会和国家的利益，但他们真正依靠的其实是警察潜意识里的荣辱感。这一荣辱感，不仅驱使警察履行自己的职责，还使他尊重财产权，在律师、政客、法官和元首享受着高薪的同时，满足于自己区区一周十五先令的薪水。我称之为哄骗，是因为当这些人要求警察有荣辱感的同时，自己却公然信奉"政治无道德"之类的信条，并明目张胆地依此行事。

诸位该记得，我曾讲到，卡莱尔说过君权对于我们要么是神圣的权力，要么是魔鬼般的罪恶。现代共和政体下的律师、政客、法官或元首，他们这种哄骗欺诈的行径，正是卡莱尔所说的魔鬼式的罪恶。这些现代社会的公众人物，一方面声称政治无道德、不顾荣誉，一方面又高谈着社会需要和国家福祉。正是这种虚伪狡诈，造成了卡莱尔所说、我们所见的"无处不在的苦难、叛乱、骚动、无裤党的起义热潮、专制复辟的蔓延、数百万人穷困潦倒、军队的养尊处优和尸位素餐"。简而言之，正是哄骗与武力的并用、伪善与军国主义的结合、律师与警察的联手，造成了现代社会的无政府主义思潮。这种武力与哄骗的结合，践踏了人们心中的道德感，驱使狂热的无政府主义者将炸弹掷向律师、政客、法官和元首们。

我认为，如果构成社会的个人没有道德感，如果政治中不讲道德，这样的社会就不可能牢固，至少不可能持久。因为在这样的社会中，那个被律师、政客、法官或元首所糊弄的警察，他的内心必然会产生动摇。他被要求恪尽职守，以造福社会，但这可怜的警察自己也是社会的一分子。至少，对于他自己和他的家庭来说，他是社会最重要的一分子，所以，只要有其他方式（哪怕是做匪徒）能让他挣更多的钱，能改善自己和家庭的生活，那也是在造福社会。如此，这个警察早晚会得出结论：既然政治不讲道德，既然挣更多的钱就是造福社会，如果做革命党徒或无政府主义者收入更高的话，干吗非要当警察不可呢？

当一个警察得出上述结论时，这个社会的崩溃就近在眼前了。在《春秋》中，孔子除了宣传他的国家信仰外，还描述了当时的社会景象——那个时代就像今天的世界，公众人物没有荣辱感，政治道德沦丧，社会行将覆灭。所以孟子说："孔子成《春秋》，而乱臣贼子惧。"

言归正传。我认为如果一个社会缺乏道德感和荣誉感，那么它最终是无法维持下去的。因为在人与人的关系中，哪怕是对赌博、经商这类无足轻重的小事而言，荣誉感和廉耻感都是如此重要和不可或缺，更何况是在社会中？社会关系有两个最核心的基础——家与国。诸位都知道，在所有民族的历史中，公民社会的兴起都始于婚姻制度的确立。欧洲的教会将婚姻制度神圣化，使其变得神圣不可侵犯。在欧洲，婚姻大事须由教会批准，这一权力的来源是上帝。然而这只是表面的，或曰法律形式上的批准，婚姻之所以神圣不可侵犯，其内在的真正约束力是荣誉感和廉耻感，是男女之间的君子之道，正如我们在没有教会宗教的国家所看到的那样。孔子说："君子之道，造端乎夫妇。"换句话说，在所有拥有公民社会的国家中，对荣辱感的认识——对君子之道的认识，使婚姻制度得以确立，婚姻制度又使家庭得以确立。

　　我曾讲，孔子所教导的国家信仰是一套源于君子之道的荣誉法典。但现在，我必须告诉诸位，在孔子以前很遥远的时代里，中国已经流传着一套未诉诸文字的君子之道，它被称作"礼"——礼仪、礼节、礼俗。后来，出现了一位卓越的政治家和伟大的立法者——周公（公元前1135年）。他在孔子之前，最先明确、定型并制定了形成文字的君子之道——关于得体的行为方式的法律。这部由周公制定的第一部形成文字的君子法，就是著名的《周礼》，即周公之礼。它或许可以被视为前孔子时代中国的宗教，类似于前基督教时代犹太人的摩西法典，它是中国人的"旧约"。正是这套周礼——书面的君子之道，第一次在中国确立了婚姻的神圣不可侵犯性。因此，中国人至今仍将婚姻的圣礼称作周公之礼：周公的礼仪之道。在神圣的婚姻制度的基础上，前孔子时代的宗法体系使中国人建立起了家庭制度，令中国人的家庭得到了稳定、持久的维系。或许，我们可以把这套周公之礼称为"宗族信仰"，以区别于孔子后来所教导的国家信仰。

孔子在他所教导的国家信仰中，对上述宗族制度作了新的阐释。换句话说，孔子在其教导的国家信仰中赋予了君子之道以新的内涵，使其适用范围更广、内涵更深刻。宗族制度确立了婚姻的圣约，而孔子在赋予君子之道以更新、更广、更深刻内涵的同时，确立了一种"新约"。孔子所确立的这种新的圣约，不再被称作礼仪的"礼"，而被称作"名分大义"，我将其翻译为"有关名誉与职责的根本原则"，或曰荣誉法典。通过确立这种名分大义，孔子为中国人创立了一种国家信仰，全面取代了他们已经拥有的宗族信仰。

在孔子以前的宗族信仰里，家庭中的丈夫和妻子受婚姻的圣约所约束——受周公之礼约束，必须绝对遵守婚姻的盟约，确保这一盟约神圣不可侵犯。与之相类似，在孔子所树立的国家信仰下，君主和臣民之间受"名分大义"这一新圣约的约束，必须视宣誓效忠的盟约为神圣不可侵犯，并予以绝对遵守。简言之，孔子所确立的这种新的圣约——名分大义，就像早于他的时代所确立的周公之礼，是一套关于忠诚的圣约。如我所言，孔子正是以此赋予了君子之道以新的、更广泛和更深刻的内涵，赋予了旧的宗族信仰以新的内涵，将其升级为国家信仰。

换句话说，就像旧的宗族信仰确立了婚姻的圣约那样，孔子的国家信仰确立了忠诚的圣约。在宗族信仰中，依据婚姻的圣约，妻子必须绝对忠诚于丈夫，而在名分大义这套宣誓忠诚的圣约中，中国的民众必须绝对忠诚于君王。因此，孔子所教导的这一套忠诚的圣约，也可以被叫作忠君之礼或忠君之教。诸位可能记得我讲过，孔子在某种意义上是在宣传君权神授，但更准确地说，孔子教导的是忠君之责神圣。孔子所教导的这种对君王神圣的、绝对的忠诚，与欧洲的君权神授不同，它的授权或理论依据不是来自超自然的存在——例如上帝或某种深奥的哲学——它依据的是君子之道，是人内心的荣誉感和廉耻感。在世界上所有的国家里，正是这种荣辱感使妻子忠诚于丈夫，而孔子所教导的绝对效忠君主的理论，也是来源于名分意识和荣辱感。这种荣辱感使商人信守诺言、履行合同，使赌徒按规则行赌并偿还他的债务。

我在谈到宗族信仰时讲过，这种旧的宗法体系，以及各国的教会信仰，正是通过确立婚姻圣约的神圣不可侵犯性使家族得以确立的。同样，孔子所教导的国家信仰，是通过确立宣誓忠诚的圣约使国家得以确立的。如果诸位承认，第一位确立婚姻圣约和婚姻不可侵犯性的人，对人类以及文明的开端做出了巨大贡献的话，也就能够理解，孔子确立的忠君圣约及其不可侵犯性，是一项多么伟大的工作！婚姻圣约确保了家族的稳定和持久，没有了它，人类将会灭绝。而忠君圣约确保了国家的稳定和持久，没有了它，社会和文明都将崩塌殆尽，人类将退化成野蛮人或动物。因此我说，孔子为中华民族所做的最大贡献在于，确立了一个关于"国家"的真正的概念——一个有着真实、理性、永久、绝对的基础的国家观念。通过这个观念的确立，他创建了一种信仰——国家信仰。

我也讲过，孔子将他关于国家信仰的教导，写进了他在生命的最后日子里所著的《春秋》一书。在这部书里，孔子首先制定了忠君的圣约，即名分大义或曰荣誉法典。故而，《春秋》也常被称作春秋名分大义，即春秋时代"有关名誉与职责的根本原则"。简而言之，它是春秋时代的基本准则，中华民族的大宪章，包含了神圣的盟约或曰社会契约，从而使全中国人民和整个国家都绝对地效忠于君主。这份圣约，不仅是中国的国家和政府，而且是中华文明唯一的真正宪法。因此孔子说过，后人将通过这部书来了解他，并明白他为这个世界做了什么。（知我者其惟《春秋》乎？）

　　我绕了这么大的弯，才点到想要表达的主要意思，诸位恐怕已经有点不耐烦了，让我们言归正传。诸位应当记得我曾讲过，人类大众需要宗教——欧洲语境中的宗教——原因在于宗教给了他们一种庇护。通过信仰一个全知全能的上帝，大众能够找到生存的永恒感。而孔子所教导的哲学和道德体系，即儒家学说，却能够取代宗教的位置，使人们可以不必依赖宗教过活。那么，儒家学说中必然有一些东西，能够像宗教一样给普通大众以同样的安全感和永恒感。现在，我们终于找到它了，那就是孔子的国家信仰中"绝对效忠于君主的神圣职责"。

　　诸位应该能理解，由于对君王的这种绝对神圣的忠诚，在中华帝国的每一个男人、女人和孩童的心目中，皇帝被赋予了绝对的、至高无上的、超越一切的全能力量。正是这种对皇权的绝对信仰，给了中国人安全感，正如其他国家的大众因宗教信仰而得到安全感那样。这种对皇权的绝对信仰，还保证了中国人心目中国家的绝对稳定和持久。而国家的这种绝对稳定和持久，又让人们确信社会发展的连续性和持久性，最终令中国人相信种族的永恒。这种从神圣的忠君之责中衍生出来的对君王全能力量的信念，对种族永续的信念，使中国的普通大众拥有一种生命的永恒感，正如其他国家的宗教给予的对来生的信念一样。

同时，正如忠君思想确保了民族血脉的永续，儒家的祖先崇拜也确保了宗族血脉的延续。事实上，中国的祖先崇拜不建立在对来生的信念上，而是建立在种族永续的信念上。在弥留之际，让一个中国人感到慰藉的，不是对来生的信念，而是相信他的子子孙孙，他的所有亲人，都会记住他，怀念他，永远爱他。因此，对一个中国人来说，死亡就像是即将开始的一段漫长旅途，在幽冥之中，或许还有与亲人重逢的"可能"。总结起来，儒家的祖先崇拜和忠君之道，令中国人在活着的时候得到生命的永恒感，而当他们面临死亡时又得到一种安慰。在其他国家中，这种对大众的慰藉来源于信仰来生的宗教。也正是因为中国人将祖先崇拜提升到与忠君之道同等的高度，孟子说：

"不孝有三，无后为大。"所以，孔子的整套学说，即我所讲的国家信仰，其实包含两部分：对君王的忠诚、对父母的孝顺，即汉语中的"忠孝"二字。中国人所说的三纲——儒家思想中最重要的三个信仰，以重要性排序依次为：第一，绝对效忠于君主；第二，孝敬父母，崇拜祖先；第三，婚姻神圣，妻子绝对服从丈夫。上述三条中的后两条，已经包含在前孔子时代的宗族信仰中，而第一条——忠君之道——则是由孔子首倡，并最终制定为中华民族的国家信仰的。这一国家信仰，是孔子为中华民族立下的新宪章。三纲中的第一条——绝对效忠于君主，取代了或等同于其他宗教中的第一信条——对上帝的信仰。正因为儒教中有了这种相当于信仰上帝的内容，所以它能够取代宗教，使中国人甚至普通大众都没有感觉到有宗教存在之必要。

但是诸位可能要问，如果没有宗教所教导的对上帝的信仰，如何能够使人、使普通大众，遵守孔子所教导的道德规范？上帝的权威可以使人服从并遵守道德规范，儒家学说又如何使人绝对效忠于君主？在回答这些问题之前，请允许我先指出诸位一个极大的误解，即误认为，使人遵从道德规范的约束力来源于上帝的权威。我在此郑重指出，在欧洲，虽然婚姻的圣约和不可侵犯性来自教会的认可，而教会的权力源于上帝，但我讲过，那仅仅是一种表象。正如我们在所有没有教会宗教的国家所见到的那样，婚姻神圣不可侵犯的内在约束力，其实是荣辱感，即普通男女之间的君子之道。因此，令人服从道德规范的真正力量是道德感，是人内心的君子法。所以我说，信仰上帝绝非遵守道德规范的必要条件。

正是基于这一点，一些怀疑论者，如上个世纪的伏尔泰和托马斯·潘恩，以及当代的理性主义者如海勒姆·马克西姆都提出：对上帝的信仰，是由宗教创始人发明，继而由牧师维持的一套骗辞。这是一种荒谬的诽谤。所有的伟人，所有富于智慧的圣哲，通常都信仰上帝。孔子也信神，尽管他绝少提及这一点。甚至，连拿破仑那样最识实务的俊杰也信奉上帝。正如赞美诗所言："只有头脑庸俗浅薄的愚者，才会在心中说'上帝不存在'。"不过，圣哲们对神的信仰，又不同于普通大众的信仰。正如斯宾诺莎所说，圣哲对神的信仰，是对宇宙神圣秩序的信仰。孔子曾讲："五十而知天命。"天命，就是宇宙的神圣秩序。圣哲们对这一宇宙神圣秩序的叫法各异，德国哲学家费希特称之为宇宙的神圣意志，中国的哲学语言称之为"道"。但无论圣哲对它如何称呼，对宇宙神圣秩序的洞悉，使他们共同认识到遵守道德的绝对性和必然性，因为道德规范是宇宙神圣秩序的天然组成部分。

所以，虽说信仰上帝不是遵守道德规范的必要条件，但对上帝的信仰，能使人认识到遵守道德规范的绝对的必要性。正是对这种绝对必要性的认识，使圣哲们服从并遵守道德准则，孔子说："不知命，无以为君子。"然而，引导圣哲们理解宇宙神圣秩序的这套逻辑，缺乏智慧的普通大众是无法理解的，他们因而也理解不了遵守道德规范的绝对必要性。马修·阿诺德就曾说过："道德规范，总是先作为一种思想被理解，然后才被当作法则去奉行，这必然只有圣人才能做到。而大众既缺理解道德规范的智慧，亦无严格遵守道德规范的能力。"正因如此，柏拉图、亚里士多德以及斯宾塞所教导的哲学和道德学说，只对学者们有意义和价值。

而宗教的价值正在于，它能够使人，甚至使那些缺乏智慧和能力的普通大众，恪守道德行为规范。那么，宗教是如何做到这一点的呢？人们以为，宗教只要教人信仰上帝就可以了，这种想法大错特错。对此，我早已向诸位指明，真正使人遵守道德规范的唯一的力量，是荣辱感，是人们内心的君子之道。孔子曾说："能脱离人内心的道并非真正的道。"（道也者，不可须臾离也，可离非道也。）耶稣也曾传道曰："神的国就在诸位心里。"所以，认为宗教只需教导信仰上帝就能令人遵守道德的观点是错误的。马丁·路德在《但以理书》的评注中说得好："所谓上帝，不过是人内心托付其依赖、信念、希望和爱之所在。若托付真诚，则上帝为真；若所托虚妄，则上帝也是虚假的。"宗教教导的信仰上帝，只是一种托付，按我的说法，就是寻求庇护。路德又接着写道："对上帝的托付和信仰，必须出于真心，否则便沦为虚妄。"换言之，如果真的信仰上帝，就必须真正懂得上帝，也就是要洞悉宇宙的神圣秩序，而我们知道，这是圣贤才能抵达的境界，绝非人人可及。由此可见，宗教教导的对上帝的信仰本就是虚幻的，而人们还误以为它能令大众安分、守德。人们把对上帝的信仰、对宗教教导的宇宙神圣秩序的信仰，十分贴切地称作一种信念、一种依赖，按我的说法，就叫寻求庇护。然而这种庇护，即宗教教导的对上帝的信仰，尽管虚幻，却极有益于使人遵守道德规范。因为，如前所述，对上帝的信仰能赋予大众一种存在的安全感和永恒感。歌德说："虔诚，即宗教教导的对上帝的信仰，其本身并非目的，而是手段，它能使人的头脑与情绪完全彻底地沉静下来，达到群体或个人完善的最高境界。"换句话说，宗教教导的对上帝的信仰，通过给人一种安全感和永恒感，能使人沉静下来，使其头脑和情绪获得必要的安谧，来感受内心的君子之道或曰荣辱感。而这一荣辱感，我重申一遍，是真正的、唯一能令人遵守道德规范的力量。

那么，如果教导对上帝的信仰只起辅助作用，那宗教使大众安分守德的根本方法是什么？是启示和灵感。马修·阿诺德说得真切："从异教徒恩培多克勒到基督徒保罗，无论持何种信仰的高贵的灵魂，都坚信启示与灵感的必要性，主张靠激发人的生命的灵感来完善道德。"那么，什么是宗教所谓的启示，或人的生命灵感呢？

诸位想必记得，我曾讲过，孔子的整套学说可以被概括为一个词：君子之道。我认为在欧洲的语汇中与之最接近的是"道德准则"。孔子说君子之道神秘玄妙:"君子之道,广大而精微。"(君子之道费而隐。)但他还说:"愚笨无知的普通男女都能理解,卑贱低微的匹夫匹妇皆可践行。"(夫妇之愚,可以与知焉。夫妇之不肖,可以能行焉。)所以,同样了解君子之道真谛的歌德才称之为"一个公开的秘密"。那么,人类又是在何处,以及如何发现这个秘密的呢?这一点我也曾讲过,孔子说,君子之道造端乎夫妇——来自对男人和女人在婚姻中的真正关系的认识。因而,这个秘密,歌德的"公开的秘密",孔子的君子之道,最先是被夫妇们发现的。那么,他们又是如何发现这一秘密——发现孔子的君子之道的呢?

孔子的君子之道,我认为在欧洲的语汇中最接近的表述是"道德准则",这里特指哲学家与伦理学家提倡的道德准则,而非宗教或宗教导师教诲的道德规范。那么,孔子的君子之道与哲学家、伦理学家的"道德准则"有何区别?要理解二者的差异,我们首先需要找出道德准则与宗教的区别。孔子说:"天(普遍的宇宙秩序)赋予人并要求于人的,即为'性';依照天性和天命而行,即为'道';将'道'予以精粹提炼和修整规范,即为'教'。"(天命之谓性，率性之谓道，修道之谓教。）所以按照孔子的观点，上述二者的区别在于，宗教是一种更纯粹、更规整的道德准则，是道德准则更深刻的形态、更高的标杆。

哲学家提出的人类应当恪守的道德法则叫作理性。然而，按照通常的理解，理性是指我们的思考能力，是一套缓慢的思考或推理过程，它能让我们分辨、识别事物外部可定义的性质和特点。因而，理性能让人认清的，仅仅是道德关系中那些可定义的性质和特点，能帮助我们探知的仅限于规矩准则、是非曲直（或曰正义）的外在形态和固化形式。但理性本身，并无助于我们捕捉"正义的命脉或灵魂"，亦即是非曲直（或曰正义）那些难以言喻的、流动变化的绝对的奥义。正因如此，老子说："道可道，非常道；名可名，非常名。"

伦理学家要求人类遵守的道德法则叫良知，也就是我们的良心。然而，正如希伯来《圣经》中的智者所言："人心多有计谋。"如果将良知当作准则来恪守，我们被迫听从的，或更倾向于听从的，将不是来自正义灵魂的声音，不是正义那难以言喻的、绝对的奥义，而是我们心中的利害算计。

换句话说，宗教要求我们恪守的是人类的真正法则，不是人性中的兽欲或肉欲。对于后者，圣保罗称之为属乎肉体的律法，奥古斯特·孔德著名的门徒利特尔先生将其精准地定义为"个体存活与繁衍之法"。而对人类的真正法则，圣保罗称之为属乎圣灵的律法，孔子则将其概括为君子之道。简而言之，宗教要求我们遵守的人类的真正法则，就是基督宣讲的、存在于我们内心的"神之国"。由此看来，正如孔子所说，宗教是一种更纯粹、更规整的道德规范，比哲学家或伦理学家所倡的道德准则有更深刻的形态、更高的标杆。基督曾说："诸位的义，若不胜于文士和法利赛人（相当于哲学家和伦理学家）的义，断不能进天国。"

与宗教相似，孔子的君子之道也是一套更纯粹、更规整的道德规范，比哲学家或伦理学家所倡的道德准则（即哲学家的理性，伦理学家的良知）有更深刻的形态、更高的标杆。与宗教一样，孔子的君子之道要求我们恪守的是人类的真正法则，它绝非市井庸俗之辈、粗野污秽之徒的法则，而是爱默生所说的、世上"至纯至洁之心灵"的法则。其实，要明白君子之道，我们必须首先成为君子，并像爱默生一样，具备那种单纯圣洁的心灵，因而孔子说："人能提升道德标准，而非道德标准能提升人。"（人能弘道，非道弘人。）

不过，孔子也教导说，只要我们愿意学习、努力习得君子的那种高尚情操或良好修养，同样可以掌握君子之道。孔子所教导的良好修养，即汉语中的"礼"字，它被翻译成各种意思：礼仪、礼俗、礼貌，但真正的内涵是良好的修养。君子的这种高尚情操和良好修养，放在道德行为体系里，就是欧洲人所讲的荣辱感。其实，孔子的君子之道不是别的，正是荣辱感。这种荣辱感、孔子所称的君子之道，不像哲学家或伦理学家的道德准则那样，是一套干瘪僵硬的、关于是非曲直外在结构体系的知识，而是像基督教《圣经》中的公义一样，是一种本能、鲜活、生动的觉悟，它觉悟到了是非曲直或正义那种难以言喻的、绝对的内核，捕捉到了正义的命脉和灵魂，那就是所谓的荣辱。

这样，我们就可以回答此前的问题了：初次认识到婚姻关系本质的夫妇，是如何发现歌德的"公开的秘密"、孔子的君子之道的？因为他们具备高尚的情操，具备君子的良好修养。这在道德体系里被称为荣辱感。这种荣辱感，使他们看到了是非曲直或正义那种难以言喻的、绝对的内核，捕捉到了正义的命脉和灵魂，即所谓的荣辱。那么，是什么激发、促使他们拥有这种高尚的情操、良好的修养的呢？我们可以从茹伯的这句妙语中找到解释："一个人对他人不可能真正公平，除非他爱邻如己。"因此，是"爱"启发了男人和女人，令他们认识到茹伯所说的真正的公平，捕捉到正义的灵魂——荣辱感，从而使他们发现了歌德所称的"公开的秘密"，发现孔子的君子之道。可以说，君子之道诞生于男人和女人之间的爱。而掌握了君子之道，人类不仅能够创建社会和文明，还能够创造宗教——找到上帝。现在，诸位应当能理解歌德通过浮士德之口所作的信仰告白了，其开头是：

悬于我们头顶的难道不是茫茫的苍天？
支撑我们脚下的难道不是坚实的大地？

我已阐释过，并不是宗教教导的对上帝的信仰在驱使人们遵守道德规范。真正使人遵守道德规范的，是君子之道，是我们内心的天国，宗教的教化正是诉诸这一点。因此，君子之道，才是宗教真正的灵魂，而信仰上帝和遵守规范不过是它的躯壳而已。如果说君子之道是宗教的生命、宗教的灵魂，那么"爱"就是宗教的灵感来源。这里的爱，并不仅仅指人类从男女的关系中第一次认识到的那种爱，而是涵盖了所有真正的人类情感，涵盖了父母子女之间的感情，以及人类对所有生灵的喜爱、善意、恻隐、同情和怜悯之情。所有这些真正的人类情感，都涵盖在一个汉字——"仁"中。这个仁字，在欧洲语汇中与之最接近的表达，是古老的基督教术语Godliness（虔敬）：人性中最具神性的特质。而在现代语言中，与之最接近的是"Humanity（人道）"：对人类的爱，或者一言以蔽之，就是爱。简而言之，宗教的灵魂、宗教的灵感之源，是汉语里的"仁"或者"爱"，怎么称呼它都可以。它最初被人类认识时，是男人和女人的爱。这就是宗教的灵感之源，宗教的最高美德。根本上，宗教也是有赖于此，才使得人们甚至普通大众都遵守那属于宇宙神圣秩序的道德规范。孔子说："君子之道源于对丈夫和妻子关系的认识，但它扩展到最高层面，则能够统领天地——统领整个宇宙。"
（君子之道，造端乎夫妇，及其至也，察乎天地。）

　　我们已提到过宗教的启示和灵感，那种真切的情感。
但这种启示、灵感不只存在于宗教中——我指的是教会宗
教。任何一个人，只要曾经感受到，在趋利避害的动机之
外，还有一种动力驱使自己遵守道德规范，他就得到过这
种启示或灵感。在人的每一个为责任感、荣辱感所驱动，
而非由利己或恐惧的动机所驱动的行为中，都存在这种宗
教式的启示或灵感，所以我说，这种宗教式的启示并非只
存在于宗教中。但在我看来，宗教的可贵之处正在于拥有
这种圣启和感化之力。所有伟大宗教的创始人所留下的有
关道德规范的教诲，都伴有这种圣启和感化力，从而像马
修·阿诺德所说的，"照亮了道德规范，使它更容易被人遵
守"。而哲学家或伦理学家的道德规范缺乏这种启示或灵
感。需要指出的是，这种蕴含着启示的、有关道德规范的
语言，并不仅仅存在于宗教中。在所有文学巨匠的语言，
尤其是诗歌中，都含有这种类似的启示和灵感，例如我刚
刚引用的歌德的话就是如此。遗憾的是，文学巨匠的语言
难以触及普通大众的灵魂，因为那是知识阶层的语言，很

难为普通大众所理解。相反地，世界上所有伟大宗教的创立者，都具备一个共同的优势——他们大部分人都从没受过教育，因而他们说的话都是未受教育者的简单语言，极容易被普通大众所理解和接受。因此，宗教的价值——世界上所有伟大宗教的真正价值，就在于将内在的圣启和感化力传达给普通大众。要理解这种启示、灵感是如何进入宗教的，我们需要进一步探究：宗教究竟是如何产生的。

众所周知，世界上所有伟大宗教的创立者，都具备充沛的，甚至是异常强烈的情感天性。这种带有异常强烈的情感天性，令他们能深刻地感受到爱，或曰人类的情感。如前所述，这种爱使宗教具有了圣启和感化之力，它是宗教的灵感之源。这种天性中的强烈的爱，或曰人类的情感，使他们觉察到正义那难以言喻的、绝对的内核，捕捉到正义的灵魂——他们称之为"义"。对于正义这种绝对内核的清晰觉察，令他们能看到是非曲直之法则——或曰道德规范——的内在统一性。由于天生带着异常强烈的情感，在无意识之中，他们强大的想象力又把道德规范的这种统一体人格化，化身为一个全能的、超自然的存在——他们称之为"上帝"。他们相信，自己所感受到的那种强烈的爱，都来源于上帝。启示和感化力，正是以这种方式进入了宗教，照亮了宗教的道德规范，从而将大众引领到遵守道德规范这条笔直而狭窄的道路上。然而，宗教的价值不仅于此，还在于它能提供一种组织，这种组织唤醒、点燃、激发人们内心的启示和灵感，从而使他们遵守道德规范。这种组织就是——教会。

许多人认为，设立教会就是为了教人信仰上帝，这又是一个大错。正是现代基督教会的这种谬见，才使得已故的J.弗劳德先生这样的老实人都对他们非常反感，弗劳德曾说："我在英国听过几百次布道，都在讲信仰的奥秘、神职人员的神圣使命、使徒的传承，诸如此类，却从不记得有哪一次讲到朴素的诚实，讲到那些根本的诚律，像是'不可说谎''不可偷盗'。"尽管我充分尊重弗劳德先生，但对他的主张——教会应当教导道德——却不敢苟同。设立教会的目的，无疑是在于使人遵守例如"不可说谎""不可偷盗"的道德规范，然而，世界上所有伟大宗教的教会，其真正功能并不在于宣讲道德，而是教导信仰。我说过，信仰不是像"不可说谎""不可偷盗"那样一条条死板的规定；教会，应当以一种圣启、一种具有感化力的鲜活情感去打动人心，使人们易于遵守这些道德规范。因此，教会真正的作用并非宣讲道德，而是使人遵守道德，通过启发、激励人的启示和灵感，使其遵守道德。换句话说，全世界伟大宗教的教会，都是通过唤醒、点燃、激发人们内心的灵感，从而使人遵守道德规范的组织。那么，教会如何唤醒和点燃人们内心的这种启示与灵感呢？

众所周知，世界上所有伟大宗教的创始人，不仅赋予了道德规范以灵感、启示和真切情感，也激发了门徒对他本人和其品格的无限敬仰、热爱与膜拜。伟大的导师去世后，嫡传门徒们为了保持对导师的这种敬仰、热爱与膜拜，建立了教会，这就是世界上所有伟大宗教的起源。就像这样，教会通过保持、唤起、激发直接门徒们曾经感受过的、那种对于创始导师的无限敬仰、热爱与膜拜，唤醒和激发人们内心的灵感和启示，使他们遵守道德规范。人们将对神的信念，甚至对宗教的信念，贴切地称为一种"信仰"或"托付"。托付于谁呢？就是他们所崇拜信仰的宗教创始人，在伊斯兰教是先知，在基督教是耶稣。如果问一个勤勉的伊斯兰教徒为何信仰真主、遵守道德，他会毫不迟疑地回答说，因为他相信先知穆罕默德。如果问一个勤勉的基督教徒他为何信仰上帝、遵守道德，他也会毫不犹豫地回答说，因为他热爱耶稣基督。所以说，对穆罕默德的信仰、对耶稣基督的热爱，也就是我所说的，教会在人们心中保持、唤起、激发的对于宗教创始人的无限敬仰、热爱与膜拜之感，这是世界上一切伟大宗教的灵感之源，是宗教真正能使人，甚至使普通大众遵守道德规范的力量所在。

诸位曾问，如果没有对上帝的信仰，不借助上帝的权威，宗教如何能使人，甚至使普通大众遵守道德规范，遵守例如像孔子在其国家信仰中所教导的那种绝对效忠于君主的信条呢？现在，我终于可以回答这个问题了。如前所述，宗教不是通过教导对上帝的信仰来使人遵守道德规范的，宗教使人遵守道德的主要方式，是建立教会组织，继而唤醒或激发人们心中的灵感和启示。针对诸位的问题，我的答案是，儒家也有相当于教会的组织，这种组织就是"学校"。学校就是孔子的国家信仰体系中的"教会"，诸位或许知道，在汉语中，宗教和教育的"教"是同一个字。正如学校在中国就是教会一样，对中国人来说，宗教就是指教育和文化。中国的学校，其目标与宗旨有别于现代的欧式教育，教人如何赚钱谋生，而是像西方的教会一样，旨在使人理解弗劳德先生所讲的根本戒律——"不可说谎""不可偷盗"，也就是教人向善。约翰逊博士曾说："不论是为行动做准备还是为交谈做准备，也不论是出于实用的目的还是愉悦的目的，我们首先需要掌握的，乃是关于是非对错的宗教和道德知识；其次，要熟悉人类历史，并熟悉那些蕴含真理并经过实践证明合理的范例。"

我们已经了解过，教会通过唤醒、激发人们内心的灵感使人遵守道德规范，而其唤醒、激发人们内心灵感的方式，是点燃和激发其对宗教创始人的无限敬仰、热爱与膜拜。那么，中国的学校——孔子国家信仰体系中的教会——与其他国家的教会之间就存在区别。的确，中国的学校也像其他国家的教会一样，是通过唤醒、激发人内心的灵感使人遵守道德的，但它所用的方式与教会不同，它并不激发人们对孔子本人的敬仰与热爱。孔子生前确实为其嫡传弟子所敬仰和热爱，甚至在其身后，也在研究并理解他的学说的人中间激发起了同样的感情。但是，无论是在世时还是去世后，孔子都没有在普通大众的心里激发起如同对宗教创始人那样的敬仰、热爱与膜拜。对于孔子，中国普通大众并不像伊斯兰教众对穆罕默德，或像基督徒对耶稣那样膜拜。从这一点来说，孔子并不属于宗教创始人一类的人物。要成为欧洲语境中的宗教的创始人，一个人必须有极其充沛、强烈甚至异常的情感天性。孔子是商朝王室的后裔，他们曾经在孔子身处的朝代之前统治中国，这个民族像希伯来人一样，有着强烈的情感天性，而孔子本人生活在周朝，周人具有像希腊人那样优秀的理智天性——他们在儒家之前确立了一套旧的礼教，周公就是这个民族的代表。因此，容我做一个类比的话，孔子天生是一个希伯来人，拥有希伯来民族强烈的情感天性，他又在最理智的文化中接受了教育，吸纳了希腊式文化的精华。再做个贴切的类比的话，伟大的歌德具有最完美的人性，他是欧洲文明能够创造出的真正的欧洲人；而中国人公认孔子身上具有最完美的人性，他是中华文明能够塑造出的真正的中国人。我认为，像伟大的歌德一样，受过最充分教育的孔子不可能被归类为宗教的创始人。事实也的确是这样，孔子在世时，除了最亲近、最直接的弟子外，普通大众并不真正理解他。

我们在前面讲过，学校——孔子国家信仰体系里的教会，不是通过点燃和激发人们对孔子本身的敬仰、热爱与膜拜来使人遵守道德的。那么，中国的学校是如何激发人们心中活的情感，使之服从道德规范的呢？孔子说："学习诗歌可以陶冶情操，学习良好的修养和礼仪可培养鉴赏力，学习音乐可完善品格与教养。"（温柔敦厚，《诗》教也；疏通知远，《书》教也；广博易良，《乐》教也。）学校通过教人以诗文，来唤醒、激发人们内心的灵感，使之遵守道德规范。我也讲过，文学巨匠的作品都能唤醒和激发人们内心的灵感，马修·阿诺德在谈及荷马及其诗歌的崇高性时说："荷马，以及少数最伟大诗人的诗歌，能将原始的野蛮人变得高雅，让人脱胎换骨。"其实，只要是真实的事物，正确的事物，纯净的事物，可爱的事物，值得称颂的事物，任何具备美德或优点的事物，中国的学校都会教导人们深思它们。通过引人深思这些事物，学校就能唤醒、激发人们内心的灵感，从而使人遵守道德法则。

诸位大概记得我曾讲过，文学巨匠的语言，例如荷马的史诗，难以触及普通大众，是因为那是知识阶层的语言，大众无法理解。既然如此，孔子这套关于国家信仰的学说，又如何能唤醒、点燃、激发中国人内心的灵感，从而使他们遵守道德呢？我也曾说，孔子的国家信仰中的学校就相当于别国的教会，这一说法其实还不够精确。在孔子的国家信仰中，与教会等同的组织应该是宗族。儒家信仰真正的、实际的教会组织，是宗族，学校只起辅助作用。在中国，每一所宅子里都珍藏着家谱或供奉着祖先的牌位，每一个村庄或市镇都供奉着祠堂或是宗庙。我讲过，宗教使人遵守道德的真正力量，是教会所激发的对于宗教创始人的无限敬仰、热爱与膜拜，而儒家的国家信仰，能够使普通的中国民众遵守道德的真正灵感来源，则是"对父母的敬爱"。基督教的教会说："爱基督。"中国的每一个家族教导说："敬爱父母。"圣徒保罗说："让称颂基督之名者远离罪孽。"汉代的《孝经》说："让孝敬父母者远离罪孽。"简单来说，基督教真正的灵感之源是爱基督，而中国儒家真正的灵感之源是孝道——孝敬父母，膜拜祖先。

孔子说："践其位，行其礼，奏其乐，敬其所尊，爱其所亲；事死如事生，事亡如事存，孝之至也。"又说："培养对先人的尊敬，追忆遥远的过去，能增加人的善性。"（慎终追远，民德归厚矣。）这就是儒家唤醒、激发人的灵感，使之遵守道德规范的方式。在中国的所有道德规范里，最高、最重要的一条是绝对效忠于君主，正如所有伟大宗教的最高教义是敬畏上帝一样。换句话说，基督教说："敬畏上帝，服从上帝。"而儒家说："尊敬君主，效忠君主。"基督教说："为了畏惧并服从上帝，首先应当爱基督。"儒家教导："为了尊敬并效忠君主，首先应当爱父母。"

以上，我解释了为什么从两千五百年前的孔子时代开始，中华文明就不存在心灵与头脑的冲突。因为中国人，即便是最普通的大众，都没有对宗教的情感需求——这里特指欧洲词汇意义上的宗教；中国人之所以缺乏对宗教的情感需求，是因为儒家学说给了中国人一种能够替代宗教的东西，那就是对君王的绝对忠诚，也就是孔子在中华民族的国家信仰中所教导的道德律——名分大义。我讲过，孔子对中华民族所做的最大贡献正在于此，他赋予了中国人以国家信仰，即对君王的绝对忠诚。

以上我所讲的是孔子为中华民族所做的贡献，这对我们今天讨论的主题——中国人的精神——意义重大。想必诸位都能理解，一个中国人，特别是受过教育的中国人，如果故意遗忘、抛弃或背离道德律，抛弃孔子所教导的名分大义——对自己曾宣誓效忠的君王的绝对忠诚，他就失去了中国人的精神，失去了他的国家和民族的精神，不再是一个真正的中国人了。

最后，总结一下我对中国人的精神，或曰什么是真正的中国人这个话题的观点。一个真正的中国人，有着成人的头脑和孩童的心灵。中国人的精神是灵魂与智力的和谐统一。诸位如果浏览一下中国的文学和艺术典籍，看到中国人的智力成果，就会同意：这种灵魂与智力的和谐统一，使他们生活得愉悦而满足。马修·阿诺德对荷马史诗的名言，同样适用于中国所有的文学典范："既有伏尔泰所不能及的震撼人心的力量，又有着伏尔泰式的令人钦佩的简洁与克制的手法。"

马修·阿诺德说，最优秀的希腊诗人的诗歌，是富于想象力的理性巫女。而中国人的精神，从中国最优秀的文学艺术作品来看，正是那种富于想象力的理性。马修·阿诺德说："晚期异教徒的诗有赖于感受和领悟，中世纪基督徒的诗有赖于心灵和想象，而现代精神生活或曰现代欧洲精神的核心，并非感受和领悟，也非心灵和想象，而正是富于想象力的理性。"

如果确如马修·阿诺德所言，欧洲精神要健康地存活，需仰仗的精神核心是富于想象力的理性，那么，诸位就该能体会中国人的精神是多么的可贵。我认为，对诸位而言，研究、领悟、热爱——而非轻忽、蔑视、试图摧毁——中国人的精神，是多么重要，多么有价值。

在结束演讲前，我还想提醒诸位一点。当你思考我所阐释的中国人的精神的时候，应当谨记：它并非一门学科、哲学或神学，亦非布拉瓦茨基夫人或贝赞特女士所主张的任何"主义"；中国人的精神甚至不能被称作一种心态——大脑与思维积极工作的状态。我要告诉诸位的是，中国人的精神是一种心境，是一种灵魂质地，你无法像学习速记或缩略语那样学会它。这是一种心境，用诗人的语言来说，是一种欣喜的、如沐天恩的心境。

最后，请容许我引用几句最具中国气质的英国诗人华兹华斯的诗，它比我讲过的或能讲的任何语言，都更能够向诸位传达中国人的精神那种欣喜的、如沐天恩的心境。这短短的这几句诗，能够呈现给诸位的，是中国人那心灵与理性的绝妙和谐体，是恬静的、如沐天恩的神圣心境赋予真正的中国人的那难以言表的温文尔雅。华兹华斯在《廷腾寺》一诗中写道：

> 我同样深信，是这些自然景物
> 给了我另一份更其崇高的厚礼——
> 一种欣幸的、如沐天恩的心境：
> 在此心境里，人生之谜的重负
> 幽晦难明的尘世的如磐重压，
> 都趋于轻缓；在此安恬心境里，
> 爱意与温情为我们循循指路——
> 直到这皮囊仿佛中止了呼吸，
> 周身的血液仿佛不再流转，
> 躯壳已昏昏入睡，我们成了
> 翩跹的灵魂；万象的和谐怡悦
> 以其深厚的力量，赋予我们

安详静穆的眼光，凭此，才得以

　　洞察物象的生命。[1]

　　诗中那种能使我们洞察物象内在生命的安详恬静、如沐天恩的心境，正是富于想象力的理性，也正是中国人的精神。

1　《拜伦、柯尔律治、华兹华斯诗精编》杨德豫译，长江文艺出版社，2014.

中国的女性

The Chinese woman

在英国下议院的一场辩论里，曾有人援引《圣经》里的说法，以支持一项允许男子娶其亡妻姐妹的提案。马修·阿诺德谈及此事时说："如果严肃地思考此事，有谁能相信呢？当问题涉及女人的天性，涉及理想的女性，涉及我们同理想女性的关系时，如此优雅而敏悟的印欧人种，一个造就过缪斯女神、骑士精神和圣母玛利亚的种族，竟需要到闪族人的习俗中去寻找解释——他们那最英明的国王有七百个妻子和三百侍妾。"

引述了这么一大段，我想要借用的，其实是"理想的女性"一词。中国人的理想女性是什么样的？中国人心目中的理想女性是何气质？中国人与其理想女性又有何关联？在进一步阐释之前，请先容我补充一点：尽管我充分尊重马修·阿诺德和他的印欧人种，但我必须指出，闪族人，或曰古希伯来民族，他们的女性理想并非如他描述的

"妻妾成群"那般可怕。从古希伯来经典中，我们读到的理想女性是这样的："谁能有幸找到这样一个德行出众的妇人呢？她远比红宝石珍贵，丈夫充分信任她。天未亮她就起床忙碌，为家人准备早餐，并给女儿们特备一份；她手摇纺车，指握纺杆，使家人都穿得漂亮暖和，不惧冬雪；她柔声细语，仁爱慈祥。她精心照料全家，绝不懒散怠惰。她的孩子起床就向她祝福，她的丈夫也是一样，对她赞不绝口。"

闪族人这种女性理想，在我看来不仅不可怕，甚至相当出众。当然，她不像印欧人的理想女性——圣母玛利亚和缪斯女神那样超凡脱俗，可谁都得承认，圣母玛利亚和缪斯女神只适合当作高悬于墙上的偶像，当你塞一把扫帚递给缪斯女神，或把圣母玛利亚请到厨房里时，家里肯定很快积满灰尘，早餐也很可能上不了桌。孔子曾言："理想不能脱离人类生活的现实。如果将脱离人类生活现实的东西称作理想，那就不是真正的理想。"（道不远人，人之为道而远人，不可以为道。）我认为，古希伯来的理想女性，即便无法与圣母玛利亚或缪斯女神相媲美，却完全可以同现代欧洲人的理想女性，同那些当今欧美国家的印欧种族之理想女性比一比。我无意涉足英国的妇女参政论者的辩论。我们可以将古希伯来的理想女性，同欧洲现代小说中的理想女性，如小仲马笔下的茶花女做个比较。顺便提一句——诸位可能会有兴趣知道——在所有译成汉语的欧洲作品中，小仲马的《茶花女》在赶时髦的中国人当中是最受欢迎的，它甚至被改编成舞台剧，风行于中国所有追逐新潮的剧院舞台上。现在，我们对比一下古希伯来人的理想女性，与当代欧洲印欧种族的理想女性：前者为了让家人不畏严冬，一心只想让家人穿得漂亮暖和；后者如茶花女则没有家庭，因而不必为家人操心，只需顾好自己衣着光鲜，能胸佩茶花招摇过市。对比这二者，什么是真切实在的文明，什么是虚华浮夸的文明，一目了然。

不仅如此，我们再试着将古希伯来的理想女性，与时髦的中国现代女性做比较：前者手摇纺车，指握纺杆，照料全家的饮食起居，绝不懒散怠惰；后者则手抚钢琴，指握鲜花，身着紧身长裙，头佩镶金首饰，醉心于在基督教青年会的大厅里对着各色人等一展歌喉。仅对比这二者，你也能意识到，现代中国正在多么迅速地远离真正的文明，因为一个民族的女性正是该民族的文明之花，象征着一个民族的文明程度和状态。

现在，让我们回到之前的问题：中国人的理想女性是什么样的？我的回答是，除了一个重要差异之外（这一点我会在后面讲到），中国人的理想女性与古希伯来人的理想女性在本质上并无差异。其共同之处体现在：中国人的理想女性也不是用来悬挂的精美画像，不是一个让男人毕生爱慕追求的对象。中国的理想女性，是一个手握扫帚，打理家务的形象。其实，汉字中代表妻子的"妇"字，正是由"女""帚"两部分组成的——"女"指女性，"帚"即扫帚。在古典汉语，也就是我所说的"礼袍式文言"里，妻子被称为"主中馈"：厨房的主人，食品贮藏室的总管家。事实上，真正的理想女性，在所有具有真正的文明而非浮华的文明的民族，如古希伯来人、古希腊人和古罗马人中，其形象本质上都是与中国的理想女性相一致的：真正的理想女性总归是家庭主妇。

下面，让我们讲得更详细些。自古流传下来的关于中国理想女性的传统，可以概括为"三从"和"四德"。哪四德呢？分别是女德、女言、女容和女工。女德，不是指才识出众，而是含蓄持重、守节忠贞、整洁有序，以及行事端正、圆满周到；女言，不是指伶牙俐齿或能言善辩，而是谈吐有致，从不口出恶言，适可而止，绝不聒噪。女容，不是指容貌美艳绝伦，而是衣着干净整洁、无可挑剔；女工，不是指特殊的技艺或能力，而是孜孜不倦地纺纱织布，不把时间浪费在嬉笑玩闹上，做好厨房里的事，把厨房整理干净，准备好食物，当家中待客时尤其应当如此。这就是汉代著名历史学家班固之妹曹大家，在《女诫》中制定的关于女人言行的四条原则。

那么，中国人女性理想中的"三从"又是指什么呢？所谓"三从"，指的是三种自我牺牲，或曰"为他人而活"。一个女子，在出嫁之前为父亲而活（在家从父），出嫁后为丈夫而活（出嫁从夫），如果守寡，则为孩子而活（夫死从子）。事实上在中国，一个女性生活的主要目标，既不是为自己或为社会而活，也不是当改革者或女子天足会的会长，更不是做一个圣徒或去造福社会，在中国，一个女人活着的首要目标就是做一个好女儿、一个好妻子和一个好母亲。

一位外国女性朋友曾经写信问我，中国人是否真的像伊斯兰教徒那样，相信女人没有灵魂。我回信说，中国人并不认为女人没有灵魂，而是认为，一个真正的中国女人应当是无私的，没有"自我"。说到中国女人的这种"无我"精神，我想就一个非常敏感的话题做一些解释。这个话题不仅敏感，恐怕还会让受过现代欧式教育的人感到根本无法理解。那就是中国的纳妾制度。这个话题不仅是敏感的，在公共场合谈论它甚至是危险的。然而，正如一首英国的诗中所写："天使若怯于涉足，傻瓜就取而代之。"我将倾尽所能，争取在这里解释清楚，为什么纳妾在中国并非如人们通常所想的那样，是一种不道德的习俗。

　　关于纳妾，我想讲的第一点是，正是中国女性的无私忘我，使得纳妾在中国不仅成为可能，而且没有丝毫的不道德。不过，在进一步解释之前，我要先说明一下，在中国，允许纳妾并不意味着可以有很多妻子。根据中国的法律，一个男人只能娶一个妻子，但可以纳很多妾或婢女，只要他愿意。在日语中，妾或婢女被称为"te-kaki"（一个手抚之处），或"me-kaki"（一个观赏对象），也就是一个当你疲惫时可以歇歇手、歇歇眼的对象。我已经说过，中国的理想女性，绝不是一个让男人毕生爱慕追求的对象。中国的理想女性，作为一个妻子，就是绝对地、无私地为丈夫而活。因此，当丈夫病了或过度劳累，需要一个手抚或观赏的对象，以恢复精力以应对事业，这时，无私的中国妻子就会为丈夫备上这些。这就好比，一个欧美的好妻子，会在丈夫生病或疲劳时搬来一张扶手椅，或是递上一杯羊奶一样。其实，正是中国妻子的这种无私和忘我，这种奉献精神，允许中国男人纳妾。

有人会问："凭什么只要求女人无私付出，那男人们呢？"对此，我的回答是，男人们要奔波操劳，供养家庭，况且，如果他身在仕途，就不仅要对家庭尽责，还要效忠君王和国家，甚至献出生命，不也是在做牺牲吗？康熙皇帝在临终遗诏里说："此刻我才明白，中国帝王的一生，完全是自我牺牲的一生。"顺便说一句，濮兰德与白克好司在其新近出版的书中，将康熙皇帝描述为一个残暴、无助、可怕的杨百翰式的人物，并像后者那样最终葬送在自己的众多妻儿手里。当然了，对濮兰德和白克好司这样的现代人来讲，纳妾肯定是不可想象的，而且只会让他们感到邪恶可怕、龌龊下流和令人作呕，因为他们对纳妾制度的刻板印象就是如此。这是题外话了。我想说的是，在中国，每一个真正的男人——上至皇帝，下至贩夫走卒——和每一位真正的女人，他们的生活都是自我牺牲。在中国，女人的牺牲就是完全无私地为丈夫而活，男人的牺牲就是供养他的妻妾儿女，并不惜一切代价保护他们。对于那些认为纳妾制度不道德的人，我想说的是，比起中国官员的妻妾成群，某些欧洲人的做法其实更自私，更违背道德。那些欧洲人开着车，在大街上随便勾搭一个无助的女人，供其消遣一夜后又将她弃于街头。纳妾的中国官员或许是自私的，但他起码为婢妾提供住所，并承担毕生供养她们的责任。如果说中国的官员是自私的，那么那些开着车的欧洲人则不仅自私，而且懦弱。罗斯金曾说："一个真正的军人，他的荣耀不在于杀了多少敌人，而在于随时准备英勇献身。"同理，我认为一个女人的荣耀—— 一个真正的中国女人的荣耀，不仅仅是爱慕丈夫、对其坦诚，而是绝对无私地为丈夫而活。这种"无私忘我的信念"，就是中国女人，尤其是贤德淑女的信条。正如我在别处讲过的，"忠诚信仰"是中国男人、中国君子们的信条。外国人，只有理解了中国人的这两种信仰——忠诚信仰和忘我信仰，才能真正理解中国人和中国女人。

诸位又要问了："那么爱呢？如果一个人真心爱自己的妻子，怎么忍心在她身边摆上另一个女人，并与她生活在同一屋檐下呢？"对此，我的回答是，当然能，为什么不能？看一个丈夫是否真的爱妻子，不是看他是否毕生拜倒在妻子脚下奉承她。考察他是否真爱妻子，要看他是否以一切合理的方式去保护她，不伤害她，也不伤害她的情感。将一个陌生女人带回家，势必会伤害到妻子的感情。而这时，正是我讲过的"无私忘我的信仰"，保护了妻子免受伤害。正是中国女人的这种绝对的无私，使她在看到丈夫往家里纳入另一个女人时，可以不受伤害。换句话说，正是中国的妻子的这种无私，既允许丈夫纳妾，又能使自己免受伤害。因为在中国，我必须指出，一个绅士——真正的君子，绝不会在未经妻子同意的情况下纳妾；而在丈夫有正当理由纳妾时，一个真正的淑女或贤妻也绝不会不同意。

我听闻过许多这样的例子：由于没有子嗣，年过半百的丈夫想要纳妾，但因妻子拒不同意也就作罢了。也有这样的例子：某位丈夫面对重病的妻子，并未要求她无私成全，甚至在妻子恳求其纳妾时断然予以拒绝，反倒是妻子，悄悄地为他纳进一妾，还迫使他与妾同房。

事实上，在中国，不滥用纳妾的权利，以保护妻子免受伤害，正体现了丈夫对妻子的爱。因此，与其说中国的丈夫们纳妾就代表不爱妻子，不如说，正是因为丈夫如此深爱妻子，以至于他尽管有纳妾的权利和自由，也不必担心自己会滥用。当然，这种特权和自由常有被滥用的情况，尤其是值此乱世，当男人们的荣誉感、廉耻感跌落低谷的时候，这种现象更是屡见不鲜。但即使是在这种时候，我仍认为，在有权纳妾的中国，保护妻子就是爱妻子的证明，体现了身为丈夫的得体——真正的中国君子那高雅完美的修养。在一千个普通的欧美男人中，是否有千分之一，能做到在同一屋檐下拥有一个以上的女人时，家里还能不变成战场和地狱？对此我深表怀疑。简言之，正是真正的中国君子这种得体、完美的修养，令中国的妻子在丈夫往家中纳入一个婢女、一个抚摸或停靠的对象时，能感觉不受伤害。总而言之，正是"无私忘我的信仰"，正是女人的绝对无私、丈夫对妻子的爱，以及真正的中国君子的得体与完美教养，使纳妾制度在中国不仅是可能的，而且不违反道德。孔子曰："君子之道，造端乎夫妇。"

　　为说服那些仍持怀疑态度的人，我可以从中国的历史和文学作品中找出大量证据，以证明中国的丈夫是深爱妻子的。为此，我特地援引和翻译了唐代诗人元稹为妻子所作的一首悼亡诗，可惜，本文篇幅有限，引用全诗就显得太冗长了。诸位熟悉汉语的朋友，如果想体会在中国一个丈夫对妻子的爱能有多深，就应当读一读这首诗，诗名为《遣悲怀》——"赋诗以抚慰悲伤的心"，你在任何一本唐诗集子里都能找到它。那是深刻的、真切的爱，而非那种在现代常被误认为是爱的激情。由于无法按初衷引用这首诗，我打算换一首四行短诗作为例子。这首诗的作者，曾是已故的张之洞总督的幕僚，[1]诗人携妻子在武昌总督府任职，后来妻子亡故，诗人也必须立即离开武昌。在动身时，他写下了这首挽诗：

此恨人人有

百年能有几?

痛哉长江水

同渡不同归。

---

1 实际上是辜鸿铭自指，下面的诗也是他本人所作，是写给自己的日本亡妻吉田贞子的悼诗。——译注

翻译成英文，大意为：

> This grief is common to everyone,
>
> One hundred years how many can attain?
>
> But 'tis heart breaking, o waters of the Yangtze,
>
> Together we came, — but together we return not.

同下面丁尼生的诗相比，这首诗的感情即便不是更深沉，至少也是同样深沉的，而它的用词更少，语言更加简洁凝练。丁尼生的诗写道：

> 拍啊、拍啊、拍啊，
>
> 拍在你冷冷的灰岩上，啊，大海！
>
> ……
>
> 我渴望触摸的纤手已隐没，
>
> 渴望聆听的笑语已寂灭！

妻子对丈夫的爱又如何呢？我认为这无须证明。的确，按照中国的规矩，新郎新娘在婚前是不能见面的，然而下面这四句唐诗，证明他们之间的爱依然存在：

洞房昨夜停红烛，

待晓堂前拜舅姑。

妆罢低声问夫婿，

画眉深浅入时无。

翻译成英语的大意是：

In the bridal chamber last night stood red candles,

Waiting for the morning to salute the father and mother
in the hall,

Toilet finished, — in a low voice she asks her sweetheart
husband,

"Are the shades in my painted eyebrows quite à la
mode?"

为便于理解这首诗，我必须先跟诸位谈谈中国婚礼的
某些风俗。在中国，每桩合法的婚姻都必须行"六礼"：
第一，问名，询问新娘姓名，即正式求婚；第二，纳彩，
接受丝绸彩礼，即订婚；第三，定期，确定婚礼日期；第
四，迎亲，迎娶新娘；第五，奠雁，在大雁前洒酒，即盟

誓，因为大雁对配偶最为忠诚；第六，庙见，在宗庙祭告。在这六礼中，最后两项尤为重要，对此我将详细阐述。

作为第四礼的迎亲，除了在我的老家福建还保留着类似传统外，现在已经比较少见，一般都省掉了，因为这对新娘家是很大的经济负担，也显得过于繁琐。现在新娘都是直接被送到新郎家（而不是等待迎娶），新娘到达后，新郎会在门口迎接，亲自打开新娘所乘花轿的轿帘，将其引入正房堂屋。之后，新郎新娘祭拜天地，即面朝堂屋门跪下。露天摆着一张桌子，桌上插着两根燃烧的红烛，丈夫在新娘带来的两只大雁前洒酒于地（如果没有大雁，也可用家鹅替代），这就是奠雁的仪式：在大雁前洒酒，男人和女人互相盟誓——他们宣誓要像那对大雁一样忠诚。从这时起，可以说，他们已成为天作之合的配偶了，不过此时还只受道德规范、君子之道的约束——只受彼此许下的诺言的约束，还未受世俗法则的约束。因此，这个仪式可以被称作道义上的或宗教性的婚礼。

接着是交拜——新郎新娘互相跪拜，堂屋右首的新娘首先面向新郎跪拜，新郎也同时跪拜新娘，跟着，交换位置，新郎在新娘原来的位置首先下拜，新娘依样还礼。我要指出，这种交拜之礼，毫无疑问地证明了在中国男女平等、夫妻平等。

如我之前所述，奠雁盟誓之礼，是道义上或宗教意义上的婚礼，还有别于三天后才举行的世俗婚礼。在道义或宗教意义上的婚礼中，男女在道德律——或曰神的面前——结为了夫妇。直到此刻，盟约只存在于男人和女人之间，这一道义或宗教意义上的婚姻尚未得到国家或宗族的认可。（在中国，宗族取代了国家，在所有社会或世俗生活中扮演上诉法庭的角色。）从奠雁的这一天起，直到三天后缔结世俗婚姻之前，新娘不仅不会被引荐给新郎的家人，甚至还不准看到他们，也不准被他们看到。

此时这对新人，尽管在严格意义上还不算合法，却可以像西方的亲密夫妻那样过上两天两夜，等待婚礼中的最后一道仪式——庙见，即祭告宗庙，或曰世俗婚礼。庙见之所以被安排在雁奠后第三天，是因为在《礼记》规定的社交礼节中，列明"三日庙见"。不过如今为了省钱和省事，通常第二天就举行庙见。对住在宗庙附近的家族来说，仪式当然地被安排在宗庙进行。但是对于居住在城镇、附近没有家族宗庙的人家，则在小型的祖宗祠堂或祭坛前举行。在中国，每个体面的家庭，哪怕极为穷困，都会在家中设祠堂或祭坛。就像我在其他地方讲过的，这个墙上挂着灵牌或贴着红纸的宗庙、祠堂或祭坛，就是儒家国家信仰的教堂，类似于基督教国家的教堂。

庙见仪式由新郎的父亲主持，如果父亲已逝，则由家族中亲缘最近的长辈代行。主持者首先在祖宗牌位前跪下，向祖先的亡灵祭告：家族的年轻成员迎进了一位新妇。然后，新郎新娘依次在祖宗牌位前跪下。从此刻起，他们就不仅是在道德规范或曰神的面前，而是在宗族、国家、世俗法则的面前，结为了夫妇。因此，我将中国婚礼中的庙见仪式称为世俗婚礼。而在这种世俗婚礼之前，根据《礼记》，新娘还不是法律意义上的妻子（不庙见不成妇），如果她不幸在庙见之前亡故，就不能被葬在丈夫家族的墓地里，丈夫家族的宗庙也不会供奉她的牌位。

由此，我们明白在中国，一桩合法的公民婚姻并非男人和女人的盟约，而是女人与丈夫家族的契约。她不是嫁给了他，而是嫁给了他的家族。一个中国女人的名片上，不会写作例如"辜鸿铭夫人"，而会不无刻板地写着"归晋安冯氏袆祎"。既然中国婚姻是女人与丈夫家族的契约，那么，夫妇中任何的一方，都不能在未经丈夫家族同意的前提下撕毁契约。我想指出，这就是中国婚姻与欧美婚姻的不同。像欧美那样的婚姻，在我们中国人眼里叫私定终身，它只是由一个男人和一个女人的爱所维系的婚姻。而在中国，一桩婚姻是世俗契约，并非单纯的一个男人和一个女人的契约，而是女人和一个家族的契约。根据契约，她不仅对丈夫承担责任，更要对丈夫的家族承担责任，甚至通过丈夫的家族对社会秩序承担责任，最终，也就是对国家承担责任。正是婚姻的这种世俗内涵，使家庭稳固的意义延伸到社会、国家层面的稳固。因此，容我指出，除非欧美人理解了什么是真正的公民生活，懂得了什么才是真正的公民，懂得一个公民不仅是为自己而活，而是首先为家庭而活，并通过家庭为社会秩序或国家而活的道理，非如此，不可能有真正意义上稳定的社会或国家。恰如我们今天在欧美国家所见到的那样，普通的男男女女并不懂得真正的公民生活。这样一个设有议会和政府机构的国家，如果你愿意，也可以把它叫作一个商业体；若在战时，则简直是土匪强盗的集合，而绝不是真正的国家。容我进一步指出，说到底，正是基于这种错误概念，这种把国家视为商业体，只考虑那些股份最大者的私利的错误观念，外加匪帮强人的豪横气，欧洲才陷入了眼下这场可怕的大战。简言之，没有对公民生活的正确认识，不可能有真正的国家，而没有真正的国家，哪会有文明？对于我们中国人来说，一个男人不婚、不家、没有家庭可以捍卫，就不可能是一个爱国者，如果他非要自称爱国者，我们也会称其为流氓爱国者。要对国家或公民社会秩序有一个真正的概念，首先必须对家庭树立真正的概念，要对家庭树立真正的概念，必须首先对婚姻树立真正的概念，这个婚姻不是指私定终身，而是我在前文竭力阐释的世俗婚姻。

言归正传。现在，你可以想象一下，那个可爱的新娘是怀着如何忐忑的心情，期待着在早上初次拜见丈夫的父母。她梳洗完毕，低声细语地向亲爱的丈夫询问，自己的眉毛描画得是否入时。从中，诸位也可以看到，在中国的夫妻之间，哪怕婚前从未见过面，在婚后的第三天也产生了爱情。如果诸位认为上述的爱情还不够深刻，那么，再来看看一位妻子写给远方的丈夫的两行诗：

当君怀归日

是妾断肠时

在你想到要回家的这一天

啊！我的心已经等碎了

莎士比亚《皆大欢喜》一书中，罗瑟琳对表妹西莉娅说："表妹，表妹，我亲爱的小表妹，你最明白我对你的爱是多么深，完全是深不可测，我对你的爱，就像葡萄牙海湾一样深不见底。"在中国，一个妻子对丈夫的爱，以及丈夫对妻子的爱，也就像罗瑟琳的爱那样深不可测，像葡萄牙海湾那样深不见底。

下面，我终于要讲到中国的理想女性与古希伯来理想女性所具有的区别。《所罗门之歌》里的希伯来情郎对他的爱人吟唱道："我的爱人，你像得撒一样美丽，像耶路撒冷一样秀丽，也像旌旗猎猎的军队一样可怕！"如今，无论是谁，但凡见过有着美丽黑眼睛的犹太女郎，都会承认古希伯来男子对本族的理想女性的描绘是真实而生动的。但是，对于中国的理想女性，我想说，无论是外表还是精神层面，都绝无"可怕"的成分。就连中国历史上的海伦，那位一顾倾城、再顾倾国的美人，她的"可怕"也仅停留在比喻的层面。在《中国人的精神》一文中，我曾讲，如果要将中国人给你的印象概括为英语中的一个词，那就是："Gentle"，温文尔雅。如果说，用这个词形容中国人非常合适的话，那么用来形容中国女人就无比贴切了。真正的中国人的那种"温文尔雅"，在中国女人身上变成了体贴温顺。这种温顺，中国女人的这种顺从，就像弥尔顿《失乐园》中夏娃的顺从一样。她对丈夫说：

> 上帝是你的主宰
> 而你是我的主宰
> 女人最幸福的知识和荣耀
> 莫过于知晓此理

在任何其他民族的文明中，无论是希伯来、希腊还是罗马，你都无法觅得像中国的理想女性般完美的顺从。中国的理想女性这种完全的、非凡的顺从，只能从一种文明——文艺复兴巅峰时期的欧洲基督教文明中找到。如果诸位读过薄伽丘《十日谈》中有关格瑞赛达的那个美丽故事，就能看到真正符合基督教理想的女性形象，就能够理解中国的理想女性形象身上，那种完全的、非凡的顺从的含义，那种无私忘我的顺从的含义。简而言之，就完美的顺从这一点，真正的基督教理想女性就是中国的理想女性，二者仅有细微的差别，仔细对比基督教的圣母玛利亚，与中国艺术家所画的女神和女妖（而非佛教的观音），你就能看出二者的区别。圣母玛利亚很温柔，中国理想女性也很温柔；圣母玛利亚优雅脱俗，中国理想女性也优雅脱俗。然而中国的理想女性还要更胜一筹，能形容中国理想女性的词是debonair（轻松快活又殷勤有礼）。要理解debonair这个词所表达的那种魅力与优雅，诸位得回到古希腊去，回到塞萨利原野，回到斯佩耳刻俄斯河边，回到那拉哥尼亚少女翩翩起舞的泰格特斯山谷：

　　　哦，在那塞萨利原野、斯佩耳刻俄斯河边
　　拉哥尼亚少女翩翩起舞于泰格特斯山谷

　　无须讳言，自从中国的宋代以来，那些相当于儒家清教徒的宋代理学家们，将儒家精神解释得过于狭隘、僵化，某种程度上还令其庸俗化了，自那时起，中国文明的精神，尤其是中国的女性，已经丢失了debonair这个词所蕴含的妩媚与优雅。诸位如果想领略这个词所形容的真正的中国理想女性的那种妩媚与优雅，如今只能到日本去，那里的女性，至今保留着纯粹的中国唐代文明的遗风。正是debonair这个词所蕴含的妩媚和优雅，以及中国理想女性的完美顺从，赋予日本女子以"名贵"的特征，就连最贫困的日本女子也不例外。

谈到debonair所蕴含的魅力和优雅，请允许我引用马修·阿诺德的一段话，他借此将古板拘泥的英国新教徒的理想女性，与优雅的法国天主教徒的理想女性做了对比。在对比法国诗人莫里斯·格林挚爱的妹妹欧仁尼·格林，与一位英国女诗人爱玛·泰瑟姆小姐时，马修·阿诺德说："这位法国女性是朗格多克地区的天主教徒，而这位英国女性是马尔盖特的新教徒，代表着马尔盖特所有蓬头垢面的新教徒形象——乏味单调、丑陋不堪，当然，还有那种健康的壮硕。这种差异，不仅表现在两位女性的外形和气质上，也表现在天主教的欧仁尼小姐会在圣诞节前庆祝小圣诞，在复活节去长满苔藓的小教堂祷告，在日常以诵读圣徒的故事为功课；而泰瑟姆小姐，则在英国新教徒那丑

陋、单调、乏味的仪式中'与马尔盖特霍利广场的教堂信众打成一片',用柔软甜腻的声音高唱激昂的颂歌:

> 我主耶稣,感受到他的血液在流动,这就是永恒的生命,这就是人间的天国!

她受教于主日学校的年轻女教师,以及'可敬的唱诗班领袖托马斯·罗先生'。差异太悬殊了。这两个生命的底色类似,但表现完全不同。有人说,这种差异既无关本质,也无足轻重。无关本质?是的。无足轻重?绝对不是。英国清教徒的这种宗教生活极度缺乏优雅和魅力,这绝不是什么无足轻重的事,而是一个真正的、巨大的缺陷。这个问题你们本该内部解决,而不是把它留给其他人去解决。"

最后,我想向诸位指出,中国理想女性最重要的特质是什么。那种特质,能将中国的理想女性,与世界上所有古代的或现代的文明的理想女性区别开来。固然,在某种程度上,这种特质存在于每一个自称文明民族的理想女性身上,但我想说的是,这种特质在中国发展到如此完美的程度,恐怕是世界上任何别的地方都望尘莫及的。这一特质，就是"幽闲"，引自曹大家所著的《女诫》中的两个汉字，我将其翻译为"modesty and cheerfulness"。"幽"，在汉语中本义为归隐、僻静、神秘。"闲"的字面意思是自在或悠闲。汉字中的这个"幽"，用英语的"modesty"（谦逊）、"bashfulness"（羞怯）只能给人一个大致概念，德语中的"Sittsamkeit"（羞怯）与之意思相近，或许，法语中的"pudeur"（腼腆、羞涩）是与它最为接近的。可以说，这种腼腆、羞涩，汉语中"幽"字所表达的意思，正是所有女性特质的核心。一个女人性格越谦逊，就越有女人味，越接近一位理想的女性。相反，如果一个女人丢掉了"幽"字所蕴含的特质，丢掉了这种腼腆、羞涩，就完全丢失了自己的女性特质以及女性的芬芳与幽香，从而沦为行尸走肉。因此，这种腼腆，这种汉语"幽"字所表达的中国理想女性的特质，能使也应当使每一个真正的中国女人本能地察觉到，自己在公共场合抛头露面是有失体统的。按照中国人的观点，在众人面前登台献唱是不得体的，哪怕是在基督教青年会大厅里献唱。总之，正是中国理想女性的这种幽闲，这种对与世隔绝的幽静之爱，这种对成为众所瞩目的焦点的反感，这种谦逊，赋予了真正的中国女人以一种芳香，一种比紫罗兰还要芳香，比妙不可言的兰花的香气还要甜美的芬芳。

两年前，我曾为《北京日报》翻译过《诗经》中那首古老情歌的第一部分。我认为，那是世界上最早的情歌。在这一部分里，中国理想女性的形象被描绘如下：

关关雎鸠

在河之洲

窈窕淑女

君子好逑

"窈窕"与"幽闲"同义，因为从字面上讲，"窈"就是僻静、温顺、羞涩，而"窕"是漂亮、温文尔雅，"淑女"一词指纯洁或贞洁的女子。在这首中国最古老的情歌中，你可以发现中国理想女性的三个核心特质：腼腆谦逊、妩媚优雅（debonair），以及纯洁或贞洁。简而言之，真正的中国女子应当是纯洁的，腼腆而有廉耻心的，也是妩媚而优雅的。只有具备了这三个特质的女人，才称得上是中国的理想女性——真正的中国女人。

儒家经典《中庸》，我曾将其译为"人生指南"（Conduct of Life），它的第一部分内容，包含了在人生准则方面儒家的实践教义。在第一篇的结尾处，描绘了这样一个幸福的家庭：

> 妻子好合，如鼓瑟琴；
>
> 兄弟既翕，和乐且耽；
>
> 宜尔室家，乐尔妻孥。

这样一个中国家庭，简直就是天堂的缩影。作为一个拥有公民秩序的国家，中华帝国就是真正的天堂，就是神的天国降临大地，降临给了中国人。因此，就像中国的君子以其荣辱感、名分心，以其忠诚的圣约捍卫公民秩序那样，中国的淑女们，以其温文尔雅的魅力和风度，以她的纯洁、谦逊，以及最重要的无私无我的精神，成为"家庭"这个缩微天堂的守护天使。

中国的语言

The Chinese language

所有尝试过学习汉语的外国人都说，汉语太难了。真是这样吗？在回答这个问题之前，我们先来探讨一下"汉语"一词到底指的是什么。众所周知，中国有两种语言——我指的不是方言——口语和书面语。顺便问一句，有谁知道为什么中国人坚持区分这两套不同的语言吗？我解释一下原委。在中国，类似于以拉丁语作为学术或书面用语时期的欧洲，人们被相应地划分为两个迥异的阶层：知识阶层和文盲阶层。口语，或曰白话，是文盲阶层的语言；而书面语，是知识阶层的语言。这样一来，国家就不存在半知识阶层，中国人也因而坚持保留两套语言。设想一下，一个国家存在半知识阶层会有什么后果。看看当今的欧美各国吧，自从拉丁语被弃用，口语和书面语的明确界限消失后，就出现了一个半受教育的人群，他们获准用知识阶层的语言，高谈什么文明、自由、中立、军国主义、泛斯拉夫主义，却连这些词是什么含义都搞不懂。有人说，普鲁士军国主义是对文明的威胁，而依我之见，当今世界的半知识阶层才是对文明的真正威胁。以上是一点题外话。

让我们回到开头的问题上来：汉语真的很难吗？我的回答是，既难，又不难。先以口语为例，我认为汉语口语不仅不难，而且与我所懂的其他半打语言相比，除了马来语以外，它堪称世界上最容易的语言——因为它极度简化。汉语口语不区分语格，没有时态，没有规则动词和不规格动词之分，换句话说，就是没有语法或任何规则。可有人跟我说，汉语之所以艰深，恰恰在于它太过简化，缺乏规则或语法。这绝不可能，马来语跟汉语一样，也是没有语法或规则的简单语言，但欧洲人学马来语并不觉得有多难。因此，对中国人来说，至少学会汉语口语是不难的。然而对于受过教育的欧洲人，尤其是到中国来的半受教育的人来说，连汉语口语都觉得很难，为什么？因为——我曾讲过——汉语的口语是未受教育者的语言，是完全未受教育的人的语言，本质上，它就是孩童的语言。举一个很浅显的例子。众所周知，当博学的语言学家和汉学家们，在反复强调汉语难学的时候，欧洲的儿童们却轻松地学会了汉语口语。这正是因为，我再说一遍，汉语，尤其是汉语口语，只不过是孩童的语言罢了。因此，对于打算学习汉语的外国友人，我的第一项建议是："保持一颗童心，那样你就不只能够进入天国，而且能够学会汉语。"

我们接着说说书面语，或曰文言。在进一步阐释之前，我想先说明一下，汉语的书面语也分为很多类。传教士们将其分成两类：简单文理和复杂文理。我认为，这种划分并不恰当，正确的分法应该是："便装式"文言，"制服式"文言，以及"礼袍式"文言。套用到拉丁语，可以分别叫作：通俗或日常文言，半古典文言，以及纯古典文言。

如今，很多外国人自诩或被谬称为汉学家。大约三十年前，我曾在《字林西报》发表过一篇文章——哎！那些旧日在上海的美好时光啊，时光荏苒、岁月如梭，我们也早已改变！——我在文中写道："住在中国的欧洲人，但凡能用方言写几句对话，或是搜集了百来条谚语，就敢自称汉学家了。当然，一个头衔也没什么大不了的，按照治外法权，在华的英国人就算自称孔子也不犯法，只要他乐意。"我想说的是，有多少自诩为汉学家的外国人，能真正了解在以"礼袍式"文言创作的文学作品中，蕴藏着多么巨大的文明财富？我称之为文明财富是因为，我相信古典的文言就像马修·阿诺德所赞颂的荷马史诗一样，"能启迪蒙昧，感化野蛮"。我还坚信，中国典籍中的纯古典文言，总有一天将感化如今深陷欧战泥潭的野蛮人（他们声称是为国而战，实则是出于野蛮好斗的本能），将他们转变为和平谦逊的文明人。正如罗斯金所言，文明的目的是将人类变成文明人，使人类摆脱粗鄙、暴力、野蛮和争斗。

言归正传，汉语的书面语到底难不难？我的回答依然是：既难，又不难。按我的观点，汉语的书面语，哪怕是那种"礼袍式"书面语也并不艰深，它像汉语口语一样，极其简单。请允许我随便举一例来证明。下面是一首七言唐诗，描述中国北方人民为保卫自己的文明、抵御未开化的蛮族而做的巨大牺牲。诗的原文如下：

誓扫匈奴不顾身，
五千貂锦丧胡尘。
可怜无定河边骨，

犹是春闺梦里人！

如果逐字直译，大意是：

Swear sweep the Huns not care self,

Five thousand embroidery sable perish desert dust;

Alas! Wuting riverside bones,

Still are Spring chambers dream inside men!

如果用自由体来写这首诗，可能就变成：

They vowed to sweep the heathen hordes

From off their native soil or die:

Five thousand tasselled knights, sable-clad,

All dead now on the desert lie.

Alas! The white bones that bleach cold

Far off along the Wuting stream,

Still come and go as living men

Home somewhere in the loved one's dream.

诸位只要对比一下这首诗的直译和我蹩脚的意译，就能看出原诗在措辞和风格上是多么简洁，而表意又是多么直率。用如此简洁的措辞和文风，却能表达如此深刻的思想，如此深沉的情感！

　　要理解汉语文学，理解这种用极简的语言表达极其深刻的情感的作品，诸位应当读一读希伯来《圣经》，它是世界文学中思想最深刻的作品，语言却又极其平实、简洁。我们以这一句为例："可叹，忠信的城变为妓女！你的官长居心悖逆，与盗贼做伴，各都喜爱贿赂，追求赃私。他们不为孤儿伸冤，寡妇的案件也不得呈到他们面前。"本书的另一段里还有："我必使孩童做他们的首领，使婴孩辖管他们。百姓要彼此欺压，各人受邻舍的欺压；少年人必侮慢老年人，卑贱人必侮慢尊贵人。"多么有画面感！是不是有一个国家和民族堕落的场景，浮现在你眼前？诸位如果想读到能启迪蒙昧、感化野蛮、使人类变得文明的语言，应该去读读希伯来人、古希腊人或中国人的作品。但古希伯来语和希腊语早已作古，只有汉语依然活生生地存在于四亿中国人的生活中！

总结一下我对汉语的观点。从某种意义上讲，汉语口语和书面语都很难，但其难度不在于复杂。很多欧洲语言，例如拉丁语和法语，都很艰深，因为它们复杂、规则多。而汉语的难度不在于复杂，在于深奥。要以简洁的语言表达深刻的内涵，这就是它艰深的秘密所在。其实，就像我在之前某处讲过的，汉语是一种心灵的语言，一种诗性的语言，因而，就连用古典汉语写成的一封简单的书信，读起来都像诗一样。要理解汉语书面语，特别是我所称的那种"礼袍式"汉语，一个大前提是你的全身心——心灵与头脑、灵魂与智能，都必须获得均衡的发展。

　　受过现代欧式教育的人觉得汉语如此艰深的原因，也正在于此。因为现代欧式教育，只开发人类天性中的一部分——他的智力。换言之，汉语对于一个受过现代欧式教育的人来说很难，是因为汉语深奥，而现代欧式教育重"量"不重"质"，易使人流于浅薄。至于那些半知识阶层，对他们来说，就连汉语口语也显得极其艰深。要想让他们懂得书面汉语，套用那句针对富人的谚语：简直比让骆驼穿过针眼还难，因为书面汉语仅供真正受过教育的人所用。简而言之，书面汉语之所以难，是因为它是真正受过教育的知识阶层的语言，而真正的教育本身就绝非易事。古希腊谚语说得好："一切美好之事都是困难的。"

最后，我想再举一个书面汉语的例子，来阐释半古典的文言——"制服式"文言的那种简洁与深刻。这是一首某位现代诗人在除夕所作的七言诗：

示内

莫道家贫卒岁难，

北风曾过几番寒。

明年桃柳堂前树，

还汝春光满眼看。

若按字面翻译成英文，为：

Don't say home poor pass year hard,

North wind has blown many times cold.

Next year peach willow hall front trees,

Pay-back you spring light full eyes see.

若以自由诗体翻译，则为：

TO MY WIFE

Fret not, — though poor we yet can pass the year;

Let the north wind blow ne'er so chill and drear,

Next year when peach and willow are in bloom,

You'll yet see Spring and sunlight in our home.

在此，我还可以举一首更长、更广为流传的诗作为例，它的作者是唐代大诗人杜甫——中国的华兹华斯。先给出我的英译：

MEETING WITH AN OLD FRIEND

In life, friends seldom are brought near ;

Like stars, each one shines in its sphere.

Tonight, — oh ! What a happy night !

We sit beneath the same lamplight.

Our youth and strength last but a day.

You and I — ah ! Our hairs are grey.

Friends ! Half are in a better land,

With tears we grasp each other's hand.

Twenty more years, — short, after all,

I once again ascend your hall.

When we met, you had not a wife ;

Now you have children, — such is life !

Beaming, they greet their father's chum ;

They ask me from where I have come.

Before our say, we each have said,

The table is already laid.

Fresh salads from the garden near,

Rice mixed with millet, — frugal cheer.

When shall we meet ? 'tis hard to know.

And so let the wine freely flow.

This wine, I know, will do no harm.

My old friend's welcome is so warm.

To-morrow I go, — to be whirled.

Again into the wide, wide world.

  我的译文，我承认几乎是拙劣的，充其量只能算作汉语原诗的注解。而下面的原文，则完全是诗的语言——简洁得近于白话，却优雅而不失庄重，悲怆、哀婉但高贵。
这一切没能用同样简洁的英语表达出来，或许，那本来就
是不可能的：

人生不相见，动如参与商。
今夕复何夕，共此灯烛光！
少壮能几时？鬓发各已苍！
访旧半为鬼，惊呼热中肠。
焉知二十载，重上君子堂。
昔别君未婚，儿女忽成行。
怡然敬父执，问我来何方？
问答乃未已，驱儿罗酒浆。
夜雨剪春韭，新炊间黄粱。
主称会面难，一举累十觞。
十觞亦不醉，感子故意长。
明日隔山岳，世事两茫茫。

约翰·史密斯在中国

John Smith in China

庸人们，他们不仅忽视除自身之外的一切生活条件，
还要求其他人都去适应他们的生活方式。

——歌德

斯特德先生曾经发问：作家玛丽·科瑞利走红的秘密何在？他得出的答案是："物以类聚，人以群分，有什么样的作家就有什么样的读者。作为她的读者与信徒的约翰·史密斯们，就住在玛丽·科瑞利所描绘的那个世界里，视她为解释这一他们所居住、行走、存在的世界的权威。"玛丽·科瑞利之于英国的约翰·史密斯，就好比亚瑟·史密斯牧师之于中国的约翰·史密斯。

真正的知识阶层与半受教育者的区别就在于此。前者总想要读一些能揭示事物真理的书，而后者宁愿书中写着他们希望发生的事，描绘他们在虚荣心的驱使下希望事情呈现的样子。在中国的约翰·史密斯们，就极想成为一

种凌驾于中国人之上的优越者，而亚瑟·史密斯牧师就写了这么一本书，证实约翰·史密斯确实比中国人优越。于是，约翰·史密斯觉得亚瑟·史密斯牧师可亲可敬，他写的《中国人的性格》成了他们的圣经。

然而斯特德说过："现如今，统治大英帝国的，正是约翰·史密斯和他的邻居们。"故而，我最近颇费了番力气读一些书，那些将有关中国和中国人的概念灌输给约翰·史密斯的书。

《早餐桌上的独裁者》一书，将人的头脑划分为算术型和代数型两种。独裁者称："但凡经济务实的头脑，都是2+2=4这个算术公式的延伸或变体。而每个哲学命题，则更多地具有a+b=c这种表达式的一般特性。"约翰·史密斯家族的头脑，毫无疑问是算术型的。约翰·史密斯的父亲，老约翰·史密斯（又名"约翰牛"），用2+2=4这个简单公式赚了大钱。他在中国兜售曼彻斯特工业品，跟约翰·中国佬相交甚欢，因为他们彼此都理解和认同2+2=4这个公式。而现如今统治大英帝国的小约翰·史密斯则不同了，他带着满脑子连自己都不明白的a+b=c来到中国，并且不再满足于向中国人兜售工业品，还想要开化中国人，或者，用他自己的话讲，"传播盎格鲁-撒克逊理想"。结果，他跟约翰·中国佬闹翻了。更糟的是，在约翰·史密斯$a+b=c$的盎格鲁-撒克逊理想的教化下，约翰·中国佬们不再是曼彻斯特工业品忠实而稳定的好主顾，他们荒废了生意，心不在焉，却跑到张园去庆祝立宪，彻底变成了一群疯狂痴乱的改良者。

最近，受帕特南·威尔《远东的新调整》及其他一些书的启发，我尝试编过一本关于盎格鲁-撒克逊理想的问答集，供中国学生参考。结果编来编去，只编出了这些东西：

> 1.人存在的终极意义是什么？
> 人存在的终极意义是荣耀大英帝国。
> 2.你信奉上帝吗？
> 是的，当我上教堂的时候。
> 3.不在教堂时，你信仰什么？
> 我信仰利益——信仰能赚钱的东西。
> 4.持怎样的信念可以上天堂？
> 相信人人为己。

5.做怎样的事情可以上天堂？

把钱赚进腰包。

6.什么是天堂？

天堂就是住在百乐门大街，开着敞篷车。

7.什么是地狱？

不成功就是地狱。

8.什么是人类的完美状态？

罗伯特·赫德爵士在中国海关的工作。

9.怎样是亵渎神明？

否认罗伯特·赫德是天才。

10.什么罪行十恶不赦？

妨碍大英帝国的贸易。

11.上帝为什么创造四亿中国人？

好让大英帝国有生意可做。

12.祈祷时祷告什么？

感谢上帝，我们不像邪恶的俄国人和野蛮的德国人那样，企图瓜分中国。

13.盎格鲁-撒克逊理想在中国最伟大的传布者是？

《泰晤士报》驻北京记者莫里循博士。

如果说以上就是对盎格鲁-撒克逊理想的一个真实全面的表述，或许失之公正。然而，凡是费尽力气读过帕特南·威尔先生著作的人，都不会否认，在帕特南·威尔先生及其读者约翰·史密斯眼中，以上确实是盎格鲁-撒克逊理想的公正而有代表性的表述。

　　最荒谬可笑的地方是，约翰·史密斯所鼓吹的这些盎格鲁-撒克逊理想，真的在中国起作用了！受其影响，约翰·中国佬也渴慕着荣耀中华帝国。最终，外国人会发现自己是搬起石头砸了自己的脚：熟悉八股文的老学究们固然迂腐，但至少无害；而受约翰·史密斯的盎格鲁-撒克逊理想影响，高呼着立宪的新学究们，很可能造成令人无法忍受而且危险的破坏。最终，我恐怕，老约翰·史密斯不仅会发现他的曼彻斯特工业品生意要完蛋，而且他不得不另付一笔巨额开销，派一位戈登将军或基齐勒勋爵到中国来，击毙自己的老朋友约翰·中国佬，因为，后者在约翰·史密斯的盎格鲁-撒克逊理想的开化下，已经彻底精神错乱了。当然这都是题外话。

　　更简明扼要地说，我的观点是，那些满脑子装着从有关中国的书中得到的一派胡言的外国人，如果还能与中国人和睦相处，那才是奇迹。让我们以亚历克西斯·克劳斯《远东：历史与问题》这部大作中的一段为例："困扰在远东的西方列强的核心问题，在于理解那种东方精神的真正本质。东方人不仅与西方人看问题的角度迥异，而且整个思维途径和推理方式也与西方人不同。植根于亚洲人头脑中的独特知觉，与我们天性中的知觉正好相反！"

读完这段话，当一个在华的英国人想要一张白纸时，如果听从了克劳斯先生的荒谬建议，他就该对自己的中国仆人说："伙计，给我拿张黑纸来。"值得称道的是，在华外国人中较为务实的那些人，在实际与中国人打交道时能够抛开这种关于"东方精神本质"的胡言乱语。其实，我相信，那些跟中国人相处得最好的外国人，在中国最成功的人，都坚持2+2=4，而把关于东方精神本质的a+b=c丢还给约翰·史密斯和克劳斯先生们。回想在那些过去的岁月里，即在亚瑟·史密斯牧师写出《中国人的性格》之前，大英商行的老板或经理，像渣甸、马地臣，和他们的中国买办之间都有着深厚的感情，并且这种感情代代相传。想到这些，我们不禁要问，聪明的约翰·史密斯，连同他那些关于东方精神本质的a+b=c理论，究竟给中国人、给外国人带来了什么好处？

那么，吉卜林那句"东方就是东方，西方就是西方"的名言，就毫无道理了吗？当然不是。在2+2=4的问题上，东西方差别极小，甚至可以说毫无差别。只有在面对a+b=c的问题时，东西方之间才迥然有别。只不过，要解决东西方关于a+b=c的问题，一个人得具备高等数学的真本事才行。今日世界之不幸，在于将a+b=c的问题交给约翰·史密斯来思考。约翰·史密斯不仅统治着大英帝国，还与日本结盟，可他连代数的基本原理都一窍不通。在东西方之间，对a+b=c问题的解答绝非易事，因为其中存在着许多未知的变量。我们不仅有孔子的东方、康有为的东方、端方总督的东方，还有莎士比亚的西方、歌德的西方和约翰·史密斯的西方。实际情况是，当你正确解开了a+b=c这个方程时，你会发现，孔子的东方与莎士比亚和歌德的西方差异极小，反倒是理雅各博士的西方，与亚瑟·史密斯牧师的西方迥然有别。对此，让我举一个例子加以说明。

亚瑟·史密斯牧师在谈及中国历史时说："中国历史之陈旧古老，不仅表现在他们总是试图回到原始时代，那种蛮荒状态中去寻找起点，还表现为那股无休无止、缓慢浑浊的潮流。结果，历史的洪流中不仅裹挟着过去年代的巨大植被，还有一路下来的木头、干草和根茬。除了时间多到用不完的民族，谁能写得出或是读得了这样的历史？也只有中国人自己，能把它们装进宽敞的肚子里。"

　　再来听听理雅各博士在这个问题上的说法。在谈及中国历史上二十三个正统朝代的历史时，他说道："没有任何民族的历史，能够如此完整而贯通。总体来说，这部历史是值得信任的。"

　　在谈及另一部大规模的中国文献集时，理雅各博士说："按我原来的推想，这套书是不会出版的。但在两广总督阮元的亲自督办和资助（还有其他官员资助）下，在道光皇帝当朝的第九年即1829年，得以出版。一部如此大规模的典籍得以出版，体现了中国高级官员的为公精神和对文学的热情，光凭这一点，外国人就绝不应小视他们。"

以上就是我想表达的意思。即，不仅是东方与西方之间存在着巨大的差异，甚至在西方与西方之间也是如此。能够欣赏中国人对文学的热情的理雅各博士，与约翰·史密斯所膜拜的亚瑟·史密斯牧师，二者所代表的西方之间存在着巨大的不同。

大汉学家

A great sinologue

汝为君子儒，无为小人儒！ ——孔子

最近在拜读翟理斯博士的《翟山笔记》时，我时常想起另一位英国领事霍普金斯先生的一句话："如果在华的外国人把某人称为'汉学家'，通常是指他是个傻瓜。"

翟博士被誉为大汉学家，并声名远扬。如果仅从他所做的大量工作来看，似非过誉；但我认为，现在是时候重新评估翟博士作品的质量及其真正价值了。

一方面，与以往的和当今的汉学家们相比，翟博士占据得天独厚的优势：他具备文学天赋，英文写作既娴熟又漂亮。但另一方面，他却缺乏哲思性的洞察力，有时甚至缺乏常识。他能翻译汉语的语句，却无法理解和阐释其中的思想。在这一点上，翟博士跟中国的学究们如出一辙，孔子说："如果一个人的天性被所受的教育、被所读的书淹没，他就成了学究。"（文胜质则史。）

对中国的学究们而言，文献和典籍只是写书的素材，于是，他们连篇累牍、引经据典地著书立说，生活、行走、存活在书籍里，完全脱离真正的人类生活。而对真正的学者而言，钻研文献和典籍是为了解释、评价和理解人类的生活。文献和典籍，仅仅是实现这一目的的手段。这一点他们从未明白过。

马修·阿诺德曾说："只有领略了所有的文学典籍——人类精神的全部历史，或是将一部伟大的作品当作一个有机的整体来理解，才能感受文学的真正力量。"而在翟博士的作品中，没有一句话能表明，他曾把或试图把汉语典籍视为一个有机的整体。

正是由于缺乏这种哲思性的洞察力，翟博士在编排素材时才如此茫然。以他所编的大字典为例，那其实根本称不上是字典，只是拼凑了一些汉语短语和句子译成英文，完全未经筛选、编排和整理。作为一本面向知识阶层的字典，翟博士这一本显然连卫三畏博士的老字典都比不上。

至于翟博士那本《古今姓氏族谱》，必须承认，它是一部花费了作者大量心血的著作。然而，这部书又一次表现出作者缺乏最起码的判断力。对于这样一部作品，读者期望看到的只有真正杰出的人物的生平——

　　　　这里有一群为国流血的勇士，
　　　　有一些人在世时为圣洁的祭司，
　　　　有的是虔诚的诗人，曾吟唱出不逊于福波斯的诗句，
　　　　有的是为生活添彩的天才艺术家，
　　　　还有一些令人怀念的其他英雄。

　　然而，与古代的圣贤、英雄和神话人物并列在册的，竟然还有陈季同将军、辜鸿铭先生、张之洞总督和吕文经船长，最后这位头衔特别者能忝列其中，是因为他经常以无限量的香槟款待外国朋友！

　　最后，我讲讲翟博士的新作——《翟山笔记》。遗憾的是，我恐怕，这本书也无助于提高他作为一名有判断力的学者的声望。书中大部分篇幅的主题，毫无实际意义或人性价值，仿佛翟博士耗心费神写这本书，不是为了让世

界更加了解中国人和中国文学，而只为炫耀自己作为一名汉学家是多么博学，对中国人的了解如何透彻、如何远胜他人。其次，在这部作品中（在其他作品中也一样），翟博士表现出一种尖刻、好斗、浅薄的教条主义，既不文雅也不得体，与他的学者身份极不相称。正是拜翟博士这类汉学家所赐，汉学和中国学，才在旅居远东的务实的外国人圈子里沦为了话柄和笑料。

下面，我打算从翟博士的这本书里挑出两篇加以论述，希望以此证明，如果迄今为止外国学者所作的、有关汉语和汉学典籍的作品都毫无实际意义和人性价值的话，我们不应归咎于汉语和汉语典籍本身。

第一篇文章，题为《何为孝道》，致力于解释两个汉字的意思。一位弟子问："何为孝道？"孔子讲："色难。"（字面意思：Colour difficult）

翟博士说："这两个字到底是什么意思？两千年来一直悬而未决。"当然，在引用并排除了国内外所有专家的诠释和翻译后，翟博士声称，他发掘出了其真正的含义。

147

为了能让大家看清翟博士那副粗率、武断的教条主义模样，我在此特引用几句他宣告其发现时的原话。翟博士说——

　　"在引述了以上种种之后，如果我宣称'色难'两字就该按其字面意思来理解，似乎显得有点傲慢；然而，事实确是如此，正如那首诗所言：

　　　　赶紧俯身，它就在那儿，
　　　　不偏不倚，就在眼前。

当子夏询问何为孝道时，孔子简洁答曰，'色难'，即'要描述它是困难的'。这是个富于智慧又非常贴切的回答。"

　　我不打算引用汉语语法的太多细节来证明翟博士的错误，只想说，假设把"色"字作动词理解是正确的，那么，按照汉语的语法标准，这句话就不该表述为"色难"，而是"色之维难"，"定义它非常困难"。如果"色"在这里作动词用，那么非人称代词"之"就必不可少。

抛开语法细节不谈，仅联系上下文看，翟博士的解释也完全是胡说八道。

子夏问道："何为孝道？"孔子答："困难在于方式与态度。当有事要做的时候，年轻人须不辞辛劳，有酒食的时候，应当让老人先享用。你真认为这就是孝吗？"（色难。有事，弟子服其劳，有酒食，先生馔，曾是以为孝乎？）

这才是上述段落的中心思想：重点不在于向父母尽了什么责任，而在于如何尽责——以怎样的方式和怎样的精神面貌。

我要指出的是，孔子道德教诲的伟大之处和真正有效之处，正在于翟博士所忽视的这一点上。在履行道德义务时，孔子强调，重点不在于做什么，而在于如何做。这正是道德与宗教的区别所在，也是纯粹的道德教条与真正的、伟大的宗教导师之生动教义间的区别所在。道德导师仅仅告诉你，哪些行为是道德的，哪些是不道德的。真正的宗教导师则不止乎此，他不仅教导你实施某种"外在行为"，而且强调方式的重要性，即"内在态度"的重要性。真正的宗教导师教导我们，行为的道德或不道德，不在于我们做了什么，而在于如何做。

这就是马修·阿诺德所说的基督传教的方式。当穷寡妇奉献她的小钱时，基督呼吁听众注意的，不是她给了什么，而是她如何给。伦理学家会讲："不许通奸。"而基督讲："只是我告诉你们，凡看见妇女就动淫念的，这人心里已经与她犯奸淫了。"

同样，孔子时代的伦理学家讲："子女应当为父母砍柴担水，以家中最好的酒食奉养他们，这就是孝。"而孔子说："不，这不是孝。"真正的孝，不在于我们为父母尽了何种外在责任，真正的孝道在于尽责的方式和思想状态。孔子讲，难处就在于这些方式。所以，我最终要讲的是，正是这种探究道德行为内在性的教育方式，使孔子成为了一个伟大的、真正的宗教导师，而非基督传教士所称的，"只是一位伦理学家和哲学家"。

我再以当今中国的改良运动为例，进一步阐释孔子的教育方法。那些获赞于外国报纸的所谓改良派官员，都是在小题大做——他们甚至远赴欧美去探求中国的改革道路。可惜，中国的出路不在于这些改良派官员做出什么改革，而在于如何实施这些改革。不叫他们待在家里学孔子，却远赴欧美去学宪法，真是桩憾事。因为，除非他们铭记孔子的教诲，把注意力集中在改革的方式而不是内容上，否则，当前的改良运动只会给中国带来混乱、贫穷和苦难。

下面，我再简要评价一下翟理斯博士《翟山笔记》中的另一篇文章——《四个阶层》。

日本的末松男爵在一次采访中说，日本人将他们的国民划分为四个阶层：士兵、农民、工匠、武士。对此，翟博士指出，"把'士'译为士兵、武士是错误的，这一含义是后来才衍生出来的，"他进一步讲，"'士'最早指文士。"

事实刚好相反。"士"这个词，最早是指中国古代的君子，他们像现在欧洲的绅士一样佩戴兵器，属于佩剑贵族。因此，古代中国的军官和士兵可以称为"士卒"。

中国古代将文官阶层称为"史"——神职人员。当公元前2世纪，中国的封建制度被废除后，作战不再是绅士的唯一职业，他们转变为文官阶层，成为立法者，"士"的含义由此变成了文士，他们变成了穿袍贵族，而不再是佩剑贵族。

湖广总督张之洞大人曾问我，为什么外国领事明明是文职，他们的正装却是佩剑的军服。我回答说，因为他们是中国古代意义上的"士"——并非文职官员，而是能全副武装、履行军职的绅士。总督大人同意我的看法，翌日就发布命令，要求武昌所有学校的学生都着军服。

翟博士提起的这个问题——"士"究竟指文士还是武士，有着重要的现实意义。中国未来是独立自主，还是被外国所奴役，就取决于能否有一支高效的军队。而这又取决于，中国的知识阶层和决策阶层，能否重新恢复"士"的古代含义——不是文士，而是能全副武装、抵御外侮的君子绅士。

汉学（一）

Chinese scholarship I

前不久，一些传教士在某些严肃刊物的封面上自称"宿儒"，出了大洋相。在整个中华帝国域内，绝无人敢妄称自己为"儒"，因为这个字，意味着一名学者或文人所能达到的最高境界，而我们偏偏时常听到某位欧洲人被誉为"汉学家"。《中国评论》杂志的广告上说，"那些传教士们，正刻苦地研习并提高着汉学修养"，然后开列出一批活跃的撰稿人的名字，并宣称，毫无疑问，他们"个个都大名鼎鼎，有着深厚的汉学修养，对各自的领域融会贯通"。

但事实上，要评估在华传教士们的汉学修养，我们不必拿德国的费希特关于学者使命的演讲里，或美国的爱默生在《文学伦理》中所提出的那些理想标准来衡量。打个比方，已故的美国驻德大使泰勒先生是公认的德国学专家，而一个英国人，如果仅仅读过席勒的几出戏剧，或在杂志上发表过几首海涅的译诗，是绝不会把"德国学家"这一头衔印在出版物封面或自己的名片上的，即便他或许在自己的朋友圈里被视为这一领域的专家。但在汉学领域，就完全是另一回事了，一个侨居中国的欧洲人，出版了几段方言对话或百来条谚语的集锦，就能立刻享有汉学家的盛誉。当然了，一个头衔而已，也没什么大不了，按照治外法权条款，在华的英国人甚至可以泰然自若地自称孔子，而不必担心受到任何责罚。

但如今，这个问题不得不引起我们的重视，因为显然，有些人认为汉学已经或正在经过最初的拓荒时期，即将步入一个新的阶段了。在这个新阶段中，他们将不再满足于编纂字典或诸如此类的基础工作，而将尝试构建性的工作，例如撰写研究专著，或是翻译汉语民族文学中最完美的作品，甚至，还要以理性的思辨和充分的论据，去评判乃至定论汉语文学圣殿中那些最令人敬仰的名字。

现在，让我们从以下几个方面来做一点考察工作：第一，所谓欧洲人对汉语的认识正步入新阶段，这一说法是否确有其事？第二，汉学领域已经取得什么进展？第三，汉学研究的现状如何？最后，我将指出我们认为汉学理应达到何种境界。据说，站在巨人肩膀上的侏儒会误以为自己比巨人还要高大，但事实上我们不得不承认，由于占据了有利的位置，侏儒必将看得更远更广。因此，当我们站在先行者的肩膀上审视汉学的过去、现在和未来，继而得出与先行者不完全相同的结论时，但愿不会令人觉得我们是在卖弄、炫耀或自我感觉良好，因为，我们只是占据了位置的优势而已。

首先，我们来看第一个问题。欧洲人对于掌握汉语的认知已经发生变化，确实，掌握一门语言最主要的障碍已经被移除，从这个意义上讲，这一观点是有道理的。翟理斯先生说："曾经有一个普遍的观念认为，掌握汉语口语或一门方言，都是极为困难的；而今，就像其他的历史神话一样，它早已作古。"的确，不仅是口语，即便是书面语，一个英国领事馆的翻译生，在北京住上两年，再在领馆的辖区工作个一两年，就能读懂一篇普通公文的大意。因此，说在华的外国人对汉语的认识已经发生变化，我们并不怀疑。令人产生很大怀疑的，是超出这一界限以外的主张。

继早期的耶稣会士之后，马礼逊博士那本著名字典的出版，被公认为是所有汉学成果的新起点。此观点并无不当，这部作品的确是早期清教徒传教士那种勤恳、热情、严谨精神的鲜活证明。在马礼逊之后，涌现出了以德庇时爵士和郭士腊博士为代表的一批新学者。德庇时爵士事实上对中国人一无所知，他自己也相当谦虚地承认了这一点。他肯定能讲北方官话，或许也能不费太大力气地阅读以那种方言写成的小说。然而换作是今天，他的那点水平连领馆的一个译员都不足以胜任。但不寻常的是，直到今天，英语世界里大部分人对中国的认识，还是受德庇时爵士的影响。郭士腊博士的中文可能比德庇时爵士略好一些，问题在于他企图装作更加渊博。已故的麦多士先生的一个突出贡献就是，他揭穿了郭士腊博士，以及传教士古伯察、杜赫德等人的伪装。然而，在此之后，例如蒲尔杰先生在其新近出版的《中国历史》中，依然将这些人的话引作权威，这实在令人费解。

在法国，雷慕沙是第一位在欧洲大学任汉学教授的学者。对他的辛勤耕耘，我们无权评价，但他有一本书引人瞩目的译著——《两位表姐妹》。先是李希·亨特读了这本书，推荐给了卡莱尔，卡莱尔又推荐给了约翰·斯特林，后者读得十分愉快，说这本书定必是某位天才所作，一个"天才的龙的传人"。这本书的汉语原名是《玉娇梨》，读起来的确合意讨喜，但充其量，它只能算是一部二流的作品，并且在二流的文学中也算不得上乘之作。不过，一想到一个中国人脑子里的想法和画面，真的能被像卡莱尔和李希·亨特这样的人物所理解，总是值得欢欣鼓舞的。

雷慕沙之后的汉学家有儒莲和鲍狄埃。德国诗人海涅曾说，儒莲有一个绝妙而重大的发现，即鲍狄埃先生根本不懂汉语，而后者也有一个发现，即儒莲全然不懂梵语。但总的说来，这些作家的开拓工作是非常重要的，因为他们都是本民族的语言大师，这一项是无与伦比的优势。另一位值得提及的法国作家是德理文，他对唐诗的翻译填补了这一中国文学的重要分支尚无法文译作的空白。

在德国，慕尼黑的帕拉特博士出版了一本关于中国的书，题为《满族》。就像所有的德语书籍一样，这是一本严谨、厚实、品质精良的佳作，主要讲述中国清朝的历史。这本书后半部分中所写的有关中国的知识，据我们所知，还从未出现在任何一本用欧洲语言写成的著作中。与之相比，卫三畏博士那部《中国总论》，简直就像是一本儿童读物。另外一位德国汉学家是冯·斯特劳斯，他曾是一个很小的日耳曼公国的大臣，该行省在1860年被普鲁士吞并。老大臣退休后，以研究汉学自娱。他出版了一本《老子》的译作，最近又出版了一个《诗经》的译本。在广东传教的花之安先生评价说，《老子》中的一部分译文堪称完美。据说他译的《诗经》也很有灵气，遗憾的是，我们没能买到这些书。

我们提及的上述学者，都可以被视为早期的汉学家，他们的工作以马礼逊博士出版他的字典为起点。继之而来的第二个时期，始于两本权威著作的问世：威妥玛的《语言自迩集》，以及理雅各博士的《中国经典》译作系列。

那些有较高的汉语水平，已把官话口语视为小菜一碟的人，可能会怠慢前一本书，但它却是一部伟大的作品，是在目前的能力范围以内，所有关于汉语的英语书籍中最完美的著作。而且，这部书是应时代的迫切需求而生的。时代呼唤出现这样一本书，而它一经问世，也的确优秀得令同时代的，甚至未来的作品都无法与之竞争。

　　同样地，汉语典籍的翻译工作也必须有人做，这是时代的必然要求。理雅各博士做到了，他完成了一打规模惊人的巨著。姑且不论读者对其质量的评价如何，仅是他完成的工作量，就是惊人的、了不起的。面对如此卷帙浩繁的译著，我们几乎不敢发表意见，但还是必须指出，总体上讲，这些作品并不能令人满意。巴尔福先生曾讲，对经典的翻译很大程度上取决于译者采用的术语。而我们感觉，理雅各先生所采用的术语粗陋、生硬，不仅无法充分表达原意，有些地方甚至不符合语言习惯。这是就形式而言。至于内容，我们更不便贸然置评，就请广东的花之安先生代为表达一下意见："理雅各博士对于孟子的评价，说明他对作者缺乏一种哲理深度的理解。"我们相信，理雅各博士如果未曾在脑中揣摩和理解孔子的学说，并将儒家作为一套有机的整体来加以思考，是不可能读懂或翻译这些作品的。然而，颇不寻常的是，无论是在其批注还是论文中，都没有只言片语能体现他究竟是如何理解儒家学说、如何将其作为一个哲学的整体来理解的。因此，他对这些作品价值的评价，无论如何也不能作为最终的定论来看待。汉语经典著作仍有待发掘更好的译者。自从上面提到的两部书面世以来，又有很多关于中国的书籍问世，其中确实有几部具有重要的学术价值，但我们认为，还没有任何一部作品能表明，汉学研究已经到了重要的转折点。

首先，有伟烈亚力先生的《中国文献纪略》，但它只是一个大纲，而根本不能称为文学作品。另一本是已故的梅辉立先生的《汉语指南》，它当然无论如何也跟完美沾不上边，却依然是部伟大的著作，算得上是所有关于中国的书籍里最诚恳、最认真又最不做作的。并且，它的实用性仅次于威妥玛爵士的《语言自迩集》。

另一位知名的汉学家，是英国领事馆的翟理斯先生，像所有早期的法国汉学家一样，翟理斯先生拥有令人羡慕的文学天赋，长于生动、明晰、优雅的书写。他一下笔，所描述的对象无不变得清晰而鲜活，可惜他一直都没有选对值得下笔的对象。当然也有一两次的例外，其中一次就是《聊斋志异》的英译，这部作品堪为汉语英译的典范。然而，尽管《聊斋志异》是极其优美的文学作品，却仍不属于中国文学的最上乘之作。

比肩理雅各博士作品的，是巴尔福先生的近作——《南华经》(《庄子》)译著。这绝对是一部有着至高追求的作品，我们承认，当第一次听说这部译作时，我们感到的兴奋和期待，更甚于听说一位英国人当上了翰林。《南华经》是中国人公认的本民族文学中最极致的典范之一，自公元前2世纪问世以来，这本书对中国文学的影响几乎不亚于儒家学派的著作。它对以后历朝历代的、富于诗意和想象力的文学作品，在语言与精神气质上的影响几乎是压倒性的、排他性的，正如四书五经对中国的哲学著作所产生的影响那样。然而，巴尔福先生的作品却绝不能算作翻译，只能算是误译。我们承认，这部作品必定耗时多年，也灌注了作者大量的心血，因此我们的批评必然显得苛刻和放肆。但我们还是要批评他，并努力让这种评价更加到位。我们相信，假如我们提出关于如何理解庄子哲学内涵的问题，巴尔福先生也不会屈尊同我们讨论。新近出版的《南华经》中文版的编辑林希冲，在编者前言中说："我们在读一本书时，必须先理解单词的意思，再理解句子，然后理解段落结构，最后才能掌握整个篇章的核心意思。"然而，巴尔福先生翻译的每一页，都显示出他对很多单词都未能理解，对很多句子的意思都未能把握，对段落结构也未能掌握。如果上述前提成立（其实这些很容易做到，只是一些关于语法规则的问题而已），那么结论就显而易见了：巴尔福先生未能抓住《南华经》的内涵和中心思想。

在当今所有的汉学家中，我们倾向于将居于广东的、可敬的花之安先生列为第一。不是说花之安先生的作品比其他人的更具学术价值或文学价值，而是我们发现，他所写的几乎每一句话，都体现出深厚的文学和哲学基础，而这两点，正是我们在其他学者的作品中所见不到的。至于所谓的文学和哲学的基础是什么，我们留待本篇的下一部分再谈。届时，我们希望能阐释清楚汉学研究的方法、目标和对象。

汉学（二）

Chinese scholarship II

花之安先生曾评论说，中国人不懂任何系统性的研究方法。然而，在被许多外国学者视为满是陈词滥调的中国经典《大学》中，却提出了一个学者进行系统性研究所应当遵循的一系列程序。只有遵循这本书设定的步骤，汉学研究者才能步入最高境界。这一程序就是：先研究个体，再从个体延伸至家庭，最后从家庭扩展到对政府的研究。

　　汉学研究者的第一要务，是努力研究并切实掌握中国人个人行为的原则；其次，他还应观察并了解这些原则如何运用于复杂的社会关系与家庭生活中；在完成上述研究之后，他才能专注于研究这个国家的行政管理制度。当然，这一程序只是供人大体遵循，要彻底贯彻它，需要学者们付出几乎毕生的精力，并且必须心无旁骛。然而，可以肯定的是，除非一个人熟悉了上述原则，否则我们绝不会认同他为汉学家，或认同他有任何高深的学问。

德国诗人歌德曾言："看待人类的作品就像对待自然的造化，相比其他任何方面，最值得关注的是——意愿。"在对民族性格的研究中也是如此，首要的不是研究人的行为和实践，而是研究其观念和理论，弄明白在他们看来何为好坏，何为是非，何为美丑，以及怎样区分智和愚。这也就是为什么，我们说汉学研究者必须先研究个人的行为准则。换言之，就是必须先理解中国人的民族理想。如果有人问，如何实现这一点？我们的回答是：去研究该民族的文学。从一个民族的文学中，你能读到他们最高妙的品格，也能窥见他们最糟糕的缺点。因此，汉学研究者应当着意实现的目标应该是：理解中国人的民族文学，为此，无论需要做多少功课或准备都是必要的。下面，我们来看看怎样研究中国文学。

一位德国作家曾说："欧洲文明奠基于希腊、罗马和巴勒斯坦；印度人、波斯人与欧洲人同属雅利安人种，因而彼此关联。而中世纪时与阿拉伯人的交流，对欧洲文化的影响迄今尚未消失。"但中国文明的根源和发展基础，与欧洲文化大相径庭。因此，研究汉语典籍的外国学者有着必须克服的天然劣势，即，他们缺少与中国人在根本观念上的共通性。他们不仅必须掌握这些陌生的概念和观点，还必须在欧洲的语言中找到与之相对应的词汇；如果没有对应的词汇，就须分解这些概念和观点，看看它们究竟表述着人类共同的天性中的哪些方面。譬如，在中国经典中出现最频繁的那些词语，分别被翻译为：仁——仁慈（Benevolence），义——正义（Justice），礼——礼节（Propriety）。然而，当结合上下文理解时，我们就感觉这些对应的英语词汇表达得并不充分，没能涵盖对应的汉字的全部含义。而另一个词，"人道（humanity）"，反倒可能是汉语中"仁"字最确切的对应词，但必须对humanity做与其英语的一般用法所不同的解释。大胆一些的译者，可能会借用《圣经》中的"love"或"righteousness"来翻译"仁"，其准确性或许并不亚于其他被更普遍地接受的用词。然而，假如我们对那些概念和观点加以分解，并归类于最普遍的人性，我们就能瞬间理解上述词汇的完整含义，那就是"真""善"和"美"。

　　除此以外，如果确实要研究一个民族的文学，就必须将其视作一个有机的整体，加以系统性的钻研，而不能像多数外国学者那样，仅作支离破碎、毫无条理的研究。马修·阿诺德说过："只有领略了全部文学——人类精神的全部历史，或将一部伟大的文学作品作为一个有机的整体来理解，才能感受文学的真正力量。"而就我们所见，外国学者中，能够将中国文学作为整体来理解的寥寥无几，因而，能领会其深意者屈指可数，就连知道这些经典的人都堪称凤毛麟角，更遑论将它们视为理解中华民族性格的必要工具了！除了理雅各博士及其他一两位学者外，欧洲人了解中国文学主要是通过翻译的小说，而这些小说都非上乘，它们即便是在各自所属的文学门类中也只是平庸之作。设想一下，如果一个外国人通过阅读罗达·布劳顿的作品，或是供中学生和女佣们读的书来评判英语文学，会是多么可笑！威妥玛先生的脑子里一定充斥着这种层次的作品，才会盛怒地指责中国人"浅薄无知"。

针对中国文学，还曾有一条奇特的评论，说它"太过说教"，中国人因而被批评为过于卫道。但与此同时，很多外国人却又一致地认为，中国人撒谎成性。对此，我们可以这么解释：除了前面提到过的平庸小说外，汉学研究者的翻译工作一度完全局限于儒家经典。但即便如此，在这些作品中除了伦理道德外，肯定还包含其他内容。我们对巴尔福先生充满敬意，但必须指出，这些典籍中的名言警句，绝非他所评价的那样"既功利又世故"。就让我们以两句话为例，问问巴尔福先生，是否真的认为它们"既功利又世故"？孔子在回答一位大臣的问话时说："触犯宇宙秩序者，将无处求助，无处获得救赎。"（获罪于天，无所祷也。）孟子则说："生，我所欲也，义，我所欲也。二者不可得兼，舍生而取义者也。"

以上，我们不得不偏离主题来做这些解释，是为了抗议巴尔福先生那有失公允的评价。因为我们认为，诸如"食古不化""诡辩高手"这样尖刻的讽刺，根本不应当出现在一本以哲学为主旨的作品中，更不该用来形容中国最古老的圣哲。巴尔福先生很可能是被自己对"南华真人"的崇拜所误导了，他渴望强调道家优于正统的儒家学派，才不知不觉用了一些错误的表达。当他恢复理性的时候，一定会耻于使用过这些字眼的。

言归正传。前文曾讲过，我们应当将中国文学作为一个有机的整体来加以研究。另外，我们还注意到一个问题，即欧洲人习惯于仅仅从以孔子的名义集结出版的那些作品，来理解和评判中国文学。而实际上，中国人的文学实践在孔子的时代只是刚刚起步，之后的发展已经延续了十八个朝代，超过两千年。在孔子的时代，人们对文学作品形式的理解还很不完善。

此处，我们需要强调一下这个在文学研究中应当备受关注，却一直被忽视的方面——文学作品的形式。诗人华兹华斯说："内容诚然重要，但内容总归要通过文体的形式表现出来。"就文学的形式而言，早期那些与孔子相关的作品，的确算不上完美，它们被视为经典或标杆，更多的是基于其内容的不朽价值，而非风格上的古雅或文体上的完美。宋代苏东坡的父亲曾评论道，散文的雏形可以追溯到孟子的对话体。而中国的文学作品，无论散文还是诗歌，迄今都已发展出缤纷多彩的形式和风格。例如，西汉的散文迥异于宋代散文，正如培根的散文不同于艾迪生或哥德斯密的散文一样。六朝诗歌之修辞夸张、对仗工整，迥异于唐诗的纯美、活泼与光彩照人，正如济慈早期纤弱稚气的风格不同于丁尼生诗的强健、简洁和色彩适中一样。

如前所述，在了解了中国人内心的基本原则以及观念之后，汉学研究者就可以将他的研究重心，转移到这个民族的社会关系上来，看一看这些原则是如何被运用在实际生活中的。然而，一个民族的社会制度、风俗礼俗，并非蘑菇那样一夜长成的，而是经过漫长的世纪，才发展成当前的形态，因此，研究一个民族的历史大有必要。但迄今为止，中华民族的历史还几乎不为欧洲学者所知。像蒲尔杰先生新出的那本所谓《中国历史》，我要说，可能是像中国这样一个文明的国家所能被写成的最糟糕的历史。这样一种历史，加之于南非的霍屯督人那样的野蛮民族或许勉强可以容忍，而这样一本歪曲中国历史的书能够出版，只能表明，欧洲人对中国的了解还远远说不上充分，而不了解一个民族的历史，怎么可能对其社会制度做出正确的评价？由于缺乏这些历史知识，卫三畏博士的《中国总论》，以及其他有关中国的作品，不仅对于学者们毫无助益，甚至还有可能误导普通的读者。以中国人的社会礼仪为例，中国人的确礼节繁多，这也确实来自儒家学说的影响，巴尔福先生也大可随心所欲地对这种充满仪式感的生活发表一番吹毛求疵的评价，然而，像翟理斯所称的"表面礼仪例如鞠躬作揖"，其实深深植根于人类的共同天性之中，植根于我们所说的人性的美感之中。孔子的一位门徒曾说:"礼之用,和为贵,先王之道斯为美。"另有典籍中说道:"礼者,敬而已矣。"这种礼仪,相当于歌德所说的"威廉·梅思特式之敬"。显然,对一个民族的礼仪与习俗的评判,必须建立在了解该民族伦理价值的基础之上。不仅如此,我们在前文曾讲到,只有在研究的最后阶段,才应关注一个国家的政治制度,这一研究,同样必须建立对这一民族的哲理原则和历史沿革具备透彻理解的基础之上。

末了,让我们引用《大学》(按外国人的说法,叫"说教之书")中的一句话,来结束本篇:"古之欲明明德于天下者,先治其国;欲治其国者,先齐其家;欲齐其家者,先修其身。"这,就是我们所说的——汉学。

乌合之众崇拜教或战争与出路

The religion of mob-worship
or the war and the way out

法兰西的悲惨命运，大人们或许会思索；

可小民们实当想得更多：

若庙堂崩塌，谁管民众的争夺？

民众对民众的暴政，曾何其之多！

——歌德

　　剑桥大学的迪金逊教授，在其《战争与出路》中有一段雄辩："未来（他是指欧洲文明的未来）将全无意义，除非英、德及其他各国的淳朴民众、体力和脑力劳动者们团结起来，对曾引起战祸并将不断带来灾难的人高呼：'够了！够了！到此为止吧！你们这些统治者、军人和外交官，你们使人类的历史灾难深重，你们操纵着人类的命运，将其拖入地狱。我们要与你们彻底决裂。在你们的统治下，我们听凭摆布，流尽血汗，这种时代该结束了！你们已经制造了战争，就不会带来和平。战后的欧洲将是我们的，脱离这场大战后的欧洲，将不会再有战争发生！'"

这是当前欧洲社会主义者的美梦，我恐怕，它永远都不会实现。一旦让统治者、军人和外交官下台，让民众接手处理和战问题，我敢百分之百肯定，在决议做出之前，那些淳朴的民众就会吵作一团，或打得头破血流，甚至爆发战争。以英国的爱尔兰问题为例：仅仅是试图讨论是否自治的问题，爱尔兰民众就陷入了对彼此的谩骂攻击，若非世界大战烽烟骤起，他们此刻正在自相残杀。

为了找到出路，结束战争，我们必须首先找出战争的根源，找出究竟是谁真正应该为这场战争负责。迪金逊教授试图让我们相信，是统治者、军人和外交官将民众引向了这场灾难，引向了战争的深渊。但我认为——并且能够证明，并非统治者、军人和外交官将民众拖入了战争，恰恰相反，是民众，驱使和推动着束手无策的统治者、军人和外交官，陷入了战争的泥潭。

让我先以当政者——欧洲各国的君主、国王和总统为例。除了德国以外，现今欧洲各交战国的当政者们，都没有做过任何挑动战争的姿态，这一点已是不争的事实。实际上，当政者们的言行都受制于《自由大宪章》——在本国，他们无论对政务还是对公共事务都无权置喙。那个可怜的大不列颠的乔治国王，当他想就爱尔兰问题讲点什么，以阻止事态升级为内战时，民众舆论立刻警告他保持沉默，最后，他还不得不通过首相向民众道歉，就因为他试图履行作为一个国王的职责！其实，欧洲的统治者们现在只是奢侈的摆设而已，只剩下加盖公文图章的作用。所以，既然他们已变成纯粹的摆设，对本国政务既无权置喙，又不能有自己的想法或意志，怎么能说他们应当为战争负责呢？

再来看看迪金逊教授所讲的军人，他们被普遍指责为这次大战的罪魁祸首。约翰·罗斯金在对伍立奇军事学校的学员训话时说："现代制度最致命的缺陷在于，它剥夺了本国最优秀的血液与力量，即那些勇敢、无私、无畏以及忠诚不移的灵魂，将其变成了没有思想和意志的钢制品，锻造成了一柄柄纯粹的刺刀。相反，它保留了本民族品质中最糟糕的部分，即那些懦弱、贪婪、淫荡、毫无气节之辈，将权力赋予了这些毫无思考能力的人。"罗斯金还说道："要实现你们保卫大不列颠的誓言，绝不意味着执行这种制度。那些只打算站在店门口、保护监守自盗的小店员的士兵，绝不是真正的军人。"我想，那些痛斥军国主义，尤其是普鲁士军国主义的英国人，特别是真正的英国军人，都应当好好阅读并仔细想想罗斯金的这番话。我在这儿要指出的是，从罗斯金的话里显而易见：如果说欧洲的当权者，对无论本国政务还是社会事务都无权置喙的话，军人就更没有发言权了。丁尼生对于巴拉克拉瓦战役中的英国战士的评论，同样适用于当前大战中的可怜士兵们："他们的权利不是去问为何而战，而是必须去战并送死。"事实上，如果说当今欧洲的当政者已经沦为奢侈的摆设，那么军人则已经变成危险的机器，至于在本国的行政政务上，军人就更像毫无声音和意志的机器了，怎么能说，他们该为这场大战负责呢？

最后，我们再来看看同样受到责难的欧洲外交官。现在，根据《自由大宪章》和欧洲的宪政理论，外交官们——实际任事的政治家和政府部门的部长们，不过是全凭民众意愿行事罢了。换言之，外交官们也变成了机器，会讲话的机器，他们只是木偶戏中的木偶，没有任何独立意志，却能上蹿下跳，被普通民众把持着，操控着，听凭摆布。既然这些外交官既无任何独立意志可言，只是充当民众的传声筒罢了，怎么能说他们该为战争负责呢？

在我看来，现如今在所有欧洲国家的政府里，最为奇特的是，当政者——统治者、军人、外交官，或曰政治家和部长们，不被允许有任何的独立意志，无权做任何他认为最有利于国家安全和社会福祉的事情。反倒是那些普通百姓——像《爱国主义时代》的编辑约翰·史密斯，死狗沟渠街的鲍伯斯（他在卡莱尔的时代曾是香肠和果酱制造商，如今则是无畏号战列舰造船厂的老板），以及高利贷者摩西·拉姆普——却有充分的权力，就国家政务表达思想、做出决定，有权以国家安全和社会福祉为名指令统治者、军人和外交官干这干那。只要你研究得足够深，就会发现，正是这三种人：约翰·史密斯、鲍伯斯和摩西·拉姆普们，制造出了这台可怕的现代战争机器——军国主义，又正是这台狰狞可怕的机器，导致了这场战争。

那么，有人会问，为什么欧洲的当政者、军人和外交官如此懦弱，要对这三种人拱手让权呢？我认为，问题出在普通民众身上。因为，这些淳朴的民众，甚至包括迪金逊教授那样诚实正直的人在内，并没有支持并忠于统治者、军人和外交官，相反，他们站在了约翰·史密斯、鲍伯斯和摩西·拉姆普的一边，反对当政者。为什么会这样？有两方面的原因：首先，这三种人对民众宣称，自己属于大众阶层；其次，欧洲的民众自幼就被灌输"人性本恶"的观念，也就是说，无论是谁，只要拥有权力，就必然滥用；甚至，无论是谁，只要足够强壮，就必定会去抢劫和谋杀邻居。在此我想说的是，约翰·史密斯、鲍伯斯和摩西·拉姆普们，之所以能让民众站在自己这边，驱使当政者、军人、外交官制造出可怕的现代战争机器，进而引发这场邪恶的战争，归根到底是因为——当民众群聚乌合之时，他们通常都是自私和怯懦的。

因此，如果你追本溯源，就会发现，应当对这场战争负责的，既不是当政者、军人和外交官，也不是约翰·史密斯、鲍伯斯和摩西·拉姆普们，反而是淳朴的民众——包括迪金逊教授在内。迪金逊教授当然会坚决否认，他说："我们老百姓从没想要这场战争。"那么，谁想要这场战争呢？我认为，没有人想要。那究竟是什么引发了战争呢？我的回答是：乌合之众的恐慌。去年8月，当俄国那台可怕的战争机器在俄国百姓的推波助澜下发动起来时，这一恐慌便笼罩和控制了欧洲各国的广大民众，民众间的恐慌又不停地传染、升级，最终占据并麻痹了交战国的统治者、军人和外交官的大脑，使他们陷入束手无策、孤立无援的困境，最终引爆了这场战争。由此可见，并非如迪金逊教授所说，是统治者、军人和外交官将欧洲民众引入了地狱，反而是民众——他们的自私、懦弱以及最后关头的恐慌——将可怜无助的当政者推向灾难，推向了战争的深渊。当前，欧洲的局面之所以如此悲惨无望，正是因为交战国的当政者们深陷于那可悲又可怜的无能为力之中。

通过上述论证，我们可以看出，欧洲要实现眼下的停战以及未来的和平，首先要做的，并非如迪金逊教授所说的，在政治事务中引入或唤回民众，正相反，应当将民众排除出去——他们群聚乌合之时既自私又懦弱，一旦面临和战之类的问题又瞬间陷入集体恐慌。换句话说，我认为要实现欧洲的和平，应当保护统治者、军人和外交官，保护他们免受普通民众的影响，免受乌合之众的影响，不被群体的恐慌所感染，不再陷入无能为力的窘境。其实，姑且不考虑未来，仅就当前情形来说，拯救欧洲的唯一办法就是帮助统治者、军人和外交官摆脱这种无力状态，因为，眼下的欧洲之所以悲惨无望，正是因为人人渴望和平，却又无人有能力和勇气去创造和平。所以，当务之急，是帮助统治者、军人和外交官摆脱这种无力状态，尽快找到重新掌握权力的办法，让他们有权去寻找出路、唤回和平。为此，依我之见，对于欧洲人民尤其是交战国人民来说，眼下唯一的办法就是废除当前的《自由大宪章》，重建一个新的"大宪章"——例如我们中国人在好人信仰中所信奉的那种"忠诚大宪章"。

根据新的"忠诚大宪章"，交战各国的人民必须宣誓：首先，不以任何方式讨论或影响与战争有关的政治决策；第二，对统治者提出的任何和平条件，必须完全接受并绝对服从。这个"忠诚大宪章"，将立即赋予交战国的统治者们权力，令其重拾创造和平的勇气，也就是说，立即赋予他们能够召唤和平与秩序的权力和勇气。我敢百分之百肯定，一旦被赋予了这种权力，他们能立即唤回和平。我之所以敢这么说，是基于所有人都一目了然的事实：继续每天消耗九百万英镑国民的血汗钱，去葬送成千上万无辜男人的生命，摧毁成千上万无辜女人的幸福和家园，这是一种彻彻底底的恶魔般的疯狂，只有无可救药的疯子或魔鬼才会视若无睹。而我相信，谁都清楚，统治者们绝非疯子或魔鬼——我敢说，就连当今最恶名昭彰的德皇也不是。统治者、军人和外交官们，之所以现在看不到这一点，是因为他们感觉无能为力，他们在乌合之众的恐慌——民众的恐慌面前无能为力，就像我讲过的那样，民众的恐慌已经传染、占据并麻痹了他们的大脑。所以我说，要让欧洲摆脱战火，当务之急就是赋予统治者、军人和外交官以权力，把他们从民众的恐慌中解救出来。

需要进一步指出的是，目前欧洲这种悲惨无望的局面，绝不仅仅出自统治者、军人和外交官们的无能为力，而是出自交战国每一个人的无助。人人都无能为力，以至于看不到：这场人皆痛恨、由乌合之众的恐慌所引发的战争，只不过是一种恶魔式的疯狂。因为，正如我所说，所有人的大脑都被恐慌所占据和麻痹了。在那位撰文痛斥战争，谴责统治者、军人和外交官的迪金逊教授身上，就能明白地看到这一点。在不知不觉中，迪金逊教授的头脑已经被乌合之众的恐慌所占据，他在那篇文章的开头就声明，自己的目的不是"呼吁停战"，他说："我的看法与所有英国人一致：既已开战，就必须战斗到底，直到我们获得领土和安全的保障，直到我们能在可控范围内，确保欧洲的和平为止。"他的意思是说，为了确保大英帝国及欧洲未来的和平，就得继续无休止地交战，每天消耗九百万英镑，屠杀成千上万无辜的生命！这令我确信，只有那些头脑尚未被乌合之众的恐慌影响的人，才能意识到这种说法的巨大荒谬性。欧洲的和平！唉，照这样消耗和屠杀下去，最终当然能实现和平，只是，届时欧洲已经从世界版图上消失了而已。所以，让普通民众来决定和战，绝对是个荒谬透顶的主意，迪金逊教授这类人的思想状态就是最好的证明！

有一点是我坚信不移的，即，眼下的交战国中，人人渴望和平，却人人无力创造和平，这又导致每一个人都对和平绝望。正是这种绝望，蒙蔽了人们的视线，以致无法看清这场人皆愤恨、因民众的恐慌而引发的战争，只不过是一种恶魔式的疯狂。当务之急是告诉大家——创造和平不是无望的。为此，必须赋予一些人以全权，来停止战争；通过起草"忠诚大宪章"，来赋予交战国的统治者以绝对的权力，以促成和平。一旦人们发现，停战是能够达成的，那么，交战国的所有人，除了少数无可救药的疯子以外，都将认清：这场战争只不过是一场疯狂，持续下去只会连战胜国都难逃灭顶。一旦交战国的统治者有权停战，而所有人都认识到这场战争只是一场疯狂，那么到时——也只有到那时，像美国的威尔逊总统那样的人物，就能很容易地发出呼吁，促成交战国止戈，继而找到创造永久和平的办法。美国前总统罗斯福在日俄战争中就是这样做的。我之所以敢下定论，是因为我相信，眼下交战国距离和平只差一座特殊的疯人院，只要把少数无可救药的疯子关进去，世界就和平了。比如像迪金逊教授那样的人，他们满脑子都是乌合之众的恐慌——对大英帝国的"完整和安全，以及欧洲未来和平前景"的恐慌。

因此我认为，对于交战国的人民而言，眼下摆脱战争的唯一出路就是撕毁现有的《自由大宪章》，制定一种新的大宪章——像中国人的好人信仰所信奉的"忠诚大宪章"。

为证明上述主张的有效性，我提请欧美各国注意这样一个事实：正是日俄两国人民对统治者的绝对忠诚，才令美国总统罗斯福得以对已故的日本天皇，和当今的俄国沙皇提出有效的呼吁，继而在朴次茅斯签署和约，结束了日俄战争。日本人的那种绝对忠诚，来自"忠诚大宪章"，源于学自中国的好人信仰；而俄国并没有好人信仰及"忠诚大宪章"，他们的忠诚是基于对"皮鞭"的畏惧。

让我们看一看，在《朴茨茅斯条约》签署后，在有好人信仰和"忠诚大宪章"的国家如日本，和在只有皮鞭的国家如俄国，分别都发生了什么。在日本，《朴茨茅斯条约》签署后，东京那些被新学摧毁了好人信仰的普通民众举行了示威游行，并试图制造恐慌。但此时，那些未被新学洗脑的真正的日本人，他们内心谨守的忠诚宪章发挥了作用，它在少量警察的帮助下，只用一天时间就平息了示威和骚乱，消除了民众的恐慌，由此，不光是日本本土，整个远东地区都实现了和平。而在俄国，《朴茨茅斯条约》签订后，民众也举行了示威游行并试图制造恐慌，由于俄国没有好人信仰，维系俄国人绝对忠诚的皮鞭也被折断了，自那以后，俄国的普通民众就享有了充分的自由，去制造骚乱或立宪，享有了制造恐慌的权利，制造那种对俄罗斯帝国和斯拉夫民族的完整与安全，以及对欧洲未来的和平前景的恐慌。结果是，当奥匈帝国与俄国在如何处理刺杀奥地利大公的凶手问题上发生小小的分歧时，俄国民众就群情激愤，大肆喧嚷起来，并在全国制造出一种对俄罗斯帝国的完整和安全的恐慌，致使沙皇和他的谋臣们不得不动员了全俄罗斯的军队，也就是发动了约翰·史密斯、鲍伯斯和摩西·拉姆普们制造的可怕的战争机器。而这台可怕的战争机器——俄国现代军国主义一旦开动，立即触发了全欧百姓普遍的恐慌，正是这一恐慌，占据和麻痹了各国的统治者和外交官们的大脑，造成了他们的孤立无援、无能为力，而这种孤立无援和无能为力，正像我已经说明过的，它导致了这场战争。

因此，溯本逐源，你会发现这场战争真正的发端是《朴茨茅斯条约》。因为该条约签署后，俄国的"皮鞭"——专制独裁的威力——折断后，沙俄国内就此再也没有什么能保护沙皇免受乌合之众恐慌的影响。德国诗人海涅，一个杰出的自由主义者，他那个时代自由主义的先锋，曾以非凡的洞察力指出："俄国的专制是一种真正的独裁，它绝不允许有任何施行当代自由主义思想的条件存在。"实际上，我再强调一遍，《朴茨茅斯条约》签订后，它的这种独裁——俄国的专制消失了，导致再也没有什么能保护俄罗斯的统治者、军人和外交官免受到乌合之众恐慌的影响。换句话说，在我看来，这次大战真正的根源和起因，就是俄罗斯乌合之众的恐慌。

在过去的欧洲，各国负责任的统治者，之所以能够维护本国的社会秩序、维护欧洲的国际和平，是因为他们敬畏和崇拜上帝。而现在，我想说，当今所有欧洲国家的统治者、军人和外交官们，敬畏和崇拜的不再是上帝，而是乌合之众了——他们惧怕和崇拜本国的乌合之众。在拿破仑战争中召集了神圣同盟的俄国沙皇亚历山大一世，既能维护俄国的社会秩序，也能维护欧洲的和平，因为他敬畏上帝。而当今的俄国沙皇却既不能维护国内秩序，又无法维护欧洲和平，因为他不畏上帝，却惧怕乌合之众。在英国，像克伦威尔那样的统治者，既能维护本国秩序，又能维护欧洲和平，因为他崇拜上帝。而大不列颠今天的当政者，例如格雷勋爵、阿斯奎思、丘吉尔和劳合·乔治这些先生们，却不能维护国内秩序和国际和平，因为他们已不再敬畏上帝，而只崇拜乌合之众——不仅崇拜其国内的乌合之众，而且崇拜别国的乌合之众。已故的英国前首相坎贝尔·班勒门先生，在俄罗斯国家杜马被解散时曾放声高呼："杜马已死，杜马万岁！"

我曾说，本次大战真正的原因是俄国的乌合之众恐慌。而现在，我要说，它还不是这次大战真正的罪恶之源。不只是本次大战，包括当今世界所有的混乱、恐怖和悲惨之罪魁祸首，其实是乌合之众崇拜，是当今欧美各国尤其是英国的那种乌合之众崇拜。正是英国的乌合之众崇拜，导致了那场日俄战争。战后签署的《朴茨茅斯条约》，折断了俄国的"皮鞭"，破坏了海涅所说的独裁，造成了统治者对乌合之众的恐惧，这一恐惧，如我所言，又引发了眼下这场可怕的大战。顺带说一句，也正是英国的这种乌合之众崇拜，包括在华英国人和其他外国人中的乌合之众崇拜——实际也就是从英美引进的乌合之众崇拜之教，在中国引发了起义，致使中国陷入了当前的共和制噩梦，并正在摧毁当今世界最宝贵的文明财富——真正的中国人。因此我认为，当今欧美的乌合之众崇拜之教，若不立即予以根除，毁灭的将不仅是欧洲文明，还将是全世界的文明。

依我之见，现在只有一样东西能够消灭这种乌合之众崇拜，推倒正威胁所有文明的乌合之众崇拜教，那就是"忠君之教"，即中国人的好人信仰拥有的圣约，那种"忠诚大宪章"。这一"忠诚大宪章"，能保护各国的统治者、军人和外交官免受乌合之众的影响，使他们不仅能维护本国的社会秩序，还能维护世界的和平。此外，忠诚大宪章——这种好人信仰及其忠诚大宪章，能发动所有真诚良善的民众，帮助合法的统治者打倒乌合之众；有了它，统治者不必通过独裁，不必动用警察和军队，就能维护本国的秩序和世界的秩序，简而言之就是不需要军国主义。

最后，我想再就德国的军国主义发表几点看法。前文已讲过，这场大战的最终根源是英国的乌合之众崇拜，但我也讲过，如果说这场大战的根本原因是英国的乌合之众崇拜，那么其直接原因就是德国的强权崇拜。有报道说，俄国沙皇在签署军队的动员令前曾说："我们已经忍了七年，该做个了结了。"这番意气之辞表明，德国的强权崇拜，一定曾给他和俄罗斯人民带来巨大的痛苦。事实上，就像我所讲过的那样，一方面是英国的乌合之众崇拜折断了沙皇的皮鞭，使他无力对抗呼吁开战的乌合之众；另一方面，德国的强权主义又令他情绪失控，最终非理性地站在乌合之众一边，发动了战争。综上，我们可以看到，这场大战真正的原因，是英国的乌合之众崇拜加上德国的强权崇拜。中国好人信仰的圣经曾言："不要为了获得民众的赞誉而背弃正义，不要为满足个人欲望而践踏民意。"为了获得民众的赞誉而背弃正义，就是我说的乌合之众崇拜，任意践踏民意，只遵从一己之私欲，就是我说的强权崇拜。而有了忠诚大宪章，一国负责任的政治家和大臣们，就会觉得自己并不是对群氓、对乌合的普罗大众负责，而是对君主负责、对自己的良心负责，这就能抑制他们背弃正义、迎合大众的冲动，保护他们免受乌合之众崇拜的蛊惑。忠诚大宪章还能使一国的统治者感受到宪章赋予他的庄严责任，抑制他践踏民意、满足私欲的冲动，保护他们免受强权崇拜的侵蚀。所以，我们看到，这种好人信仰及其忠诚大宪章，能帮助我们同时消除已成为战争两大根源的乌合之众崇拜和强权崇拜。

亲历过法国大革命的法国人茹伯，曾就现代社会人们对自由的渴望做过一番回应："请呼唤自由的灵魂，而非自由的身体；道德自由是最重要、最不可或缺的自由，而其他自由，只在有利于道德自由时才是有益的。服从通常要比独立好，因为一个意味着秩序和系统，另一个意味着自足和孤立；一个意味着和声，另一个意味着单音；一个意味着整体，另一个只意味着局部。"

这就是我的解决方案。欧洲人，尤其是交战国人民，眼下，能从战争中找到出路、拯救欧洲文明甚至世界文明的唯一办法，就是撕毁《自由大宪章》，代之以一部并非以自由为基础，而是以忠诚为基础的大宪章，也就是采用中国人的好人信仰，以及真正的中国人所遵从的忠诚大宪章。

"伟大的秩序正诞生于新时代！"

【全书终】

附 录

《中国人的精神》英文稿（节选）

Now, what is the real Chinaman? That, I am sure, you will all agree with me, is a very interesting subject, especially at the present moment, when from what we see going on around us in China to-day, it would seem that the Chinese type of humanity—the real Chinaman—is going to disappear and, in his place, we are going to have a new type of humanity—the progressive or modern Chinaman. In fact I propose that before the real Chinaman, the old Chinese type of humanity, disappears altogether from the world we should take a good last look at him and see if we can find anything organically distinctive in him which makes him so different from all other people and from the new type of humanity which we see rising up in China to-day.

In fact, the one word, it seems to me, which will sum up the impression which the Chinese type of humanity makes upon you is the English word "gentle." By gentleness I do not mean softness of nature or weak submissiveness. "The docility of the Chinese," says the late Dr. D. J. MacGowan, "is not the docility of a broken-hearted, emasculated people." But by the word "gentle" I mean absence of hardness, harshness, roughness, or violence, in fact of anything which jars upon you. There is in the true Chinese type of humanity an air, so to speak, of a quiet, sober, chastened mellowness, such as you find in a piece of well-tempered metal. Indeed the very physical and moral imperfections of a real Chinaman are, if not redeemed, at least softened by this quality of gentleness in him. The real Chinaman may be coarse, but there is no grossness in his coarseness. The real Chinaman may be ugly, but there is no hideousness in his ugliness. The real Chinaman may be vulgar, but there is no aggressiveness, no blatancy in his vulgarity. The real Chinaman may be stupid, but there is no absurdity in his stupidity. The real Chinaman may be cunning, but there is no deep malignity in his cunning. In fact what I want to say is, that even in the faults and blemishes of body, mind and character of the real Chinaman, there is nothing which revolts you. It is seldom that you will find a real Chinaman of the old school, even of the lowest type, who is positively repulsive.

The Chinese people have this power, this strong power of sympathy, because they live wholly, or almost wholly, a life of the heart. The whole life of Chinaman is a life of feeling — not feeling in the sense of sensation which comes from the bodily organs, nor feeling in the sense of passions which flow, as you would say, from the nervous system, but feeling in the sense of emotion or *human affection* which comes from the deepest part of our nature — the heart or soul.

Let us next take another generally admitted fact in the life of the Chinese people — their politeness. The Chinese are, it has often been remarked, a peculiarly polite people. Now what is the essence of true politeness? It is consideration for the feelings of others. The Chinese are polite because, living a life of the heart, they know their own feelings and that makes it easy for them to show consideration for the feelings of others.

The Chinese to this day live the life of a child, a life of the heart. In this respect, the Chinese people, old as they are as a nation, are to the present day, a nation of children. But then it is important you should remember that this nation of children, who live a life of the heart, who are so primitive in many of their ways, have yet *a power of mind and rationality* which you do not find in a primitive people, a power of mind and rationality which has enabled them to deal with the complex and difficult problems of social life, government and civilisation with a success which, I will venture to say here, the ancient and modern nations of Europe have not been able to attain — a success so signal that they have been able practically and actually to keep in peace and order a greater portion of the population of the Continent of Asia under a great Empire.

What is the real Chinaman? The real Chinaman, we see now, is a man who lives the life of a man of adult reason with the heart of a child. In short the real Chinaman is a person *with the head of a grown-up man and the heart of a child.* The Chinese spirit, therefore, is a spirit of perpetual youth, the spirit of national immortality. Now what is the secret of this national immortality in the Chinese people? You will remember that in the beginning of this discussion I said that what gives to the Chinese type of humanity — to the real Chinaman — his inexpressible gentleness is the possession of what I called sympathetic or true human intelligence. This true human intelligence, I said, is the product of a combination of two things, sympathy and intelligence. It is a working together in harmony of the heart and head. In short it is a happy union of soul with intellect. Now if the spirit of the Chinese people is a spirit of perpetual youth, the spirit of national immortality, the secret of this immortality is this happy union of soul with intellect.

You will now ask me where and how did the Chinese people get this secret of national immortality — this happy union of soul with intellect, which has enabled them as a race and nation to live a life of perpetual youth? The answer, of course, is that they got it from their civilisation.

What is the reason which makes men take up the study of science? Most people now think that men do so, because they want to have railways and aeroplanes. But the motive which impels the true men of science to pursue its study is not because they want to have railways and aeroplanes. Men like the present progressive Chinamen, who take up the study of science, because they want railways and aeroplanes, will never get science. The true men of science in Europe in the past who have worked for the advancement of science and brought about the possibility of building railways and aeroplanes, did not think at all of railways and aeroplanes. What impelled those true men of science in Europe and what made them succeed in their work for the advancement of science, was because they *felt in their souls* the need of understanding the awful mystery of the wonderful universe in which we live. Thus mankind, I say, feel the need of religion for the same reason that they feel the need of science, art and philosophy; and the reason is because man is a being who has a soul, and because the soul in him, which looks into the past and future as well as the present — not like animals which live only in the present — feels the need of understanding the mystery of this universe in which they live. Until men understand something of the nature, law, purpose and aim of the things which they see in the universe, they are like children in a dark room who feel the danger, insecurity and uncertainty of everything. In fact, as an English poet says, the burden of the mystery of the universe weighs upon them. Therefore mankind want science, art and philosophy for the same reason that they want religion, to lighten for them —

> *"the burden of the mystery, ...*
> *The heavy and the weary weight of*
> *All this unintelligible world. "*

Confucius, as some of you may know, lived in what is called a period of expansion in the history of China — a period in which the feudal age had come to an end; in which the feudal, the semi-patriarchal social order and form of government had to be expanded and reconstructed. This great change necessarily brought with it not only confusion in the affairs of the world, but also confusion in men's minds. I have said that in the Chinese civilisation of the last 2,500 years there is no conflict between the heart and the head. But I must now tell you that in the period of expansion in which Confucius lived there was also in China, as now in Europe, a fearful conflict between the heart and the head. The Chinese people in Confucius' time found themselves with an immense system of institutions, established facts, accredited dogmas, customs, laws — in fact, an immense system of society and civilisation which had come down to them from their venerated ancestors.

In this system their life had to be carried forward; yet they began to feel — they had a sense that this system was not of their creation, that it by no means corresponded with the wants of their actual life; that, for them, it was customary, not rational. Now the awakening of this sense in the Chinese people 2,500 years ago was the awakening of what in Europe to-day is called the modern spirit — the spirit of liberalism, the spirit of enquiry, to find out the why and the wherefore of things. This modern spirit in China then, seeing the want of correspondence of the old order of society and civilisation with the wants of their actual life, set itself not only to reconstruct a new order of society and civilisation, but also to find a basis for this new order of society and civilisation. But all the attempts to find a new basis for society and civilisation in China then failed. Some, while they satisfied the head — the intellect of the Chinese people, did not satisfy their heart; others, while they satisfied their heart, did not satisfy their head. Hence arose, as I said, this conflict between the heart and the head in China 2,500 years ago, as we see it now in Europe. This conflict of the heart and head in the new order of society and civilisation which men tried to reconstruct made the Chinese people feel dissatisfied with all civilisation, and in the agony and despair which this dissatisfaction produced, the Chinese people wanted to pull down and destroy all civilisation. Men, like Lao-tzu, then in China as men like Tolstoy in Europe to-day, seeing the misery and suffering resulting from the conflict between the heart and the head, thought they saw something radically wrong in the very nature and constitution of society and civilisation. Lao-tzu and Chuang-tzu, the most brilliant of Lao-tzu's disciples, told the Chinese people to throw away all civilisation. Lao-tzu said to the people of China: "Leave all that you have and follow me; follow me to the mountains, to the hermit's cell in the mountains, there to live a true life — a life of the heart, a life of immortality."

But Confucius, who also saw the suffering and misery of the then state of society and civilisation, thought he recognised the evil was not in the nature and constitution of society and civilisation, but in the wrong track which society and civilisation had taken, in the wrong basis which men had taken for the foundation of society and civilisation. Confucius told the Chinese people not to throw away their civilisation. Confucius told them that in a true society and true civilisation — in a society and civilisation with a *true* basis men also could live a true life, a life of the heart. In fact, Confucius tried hard all his life to put society and civilisation on the right track; to give it a true basis, and thus prevent the destruction of civilisation. But in the last days of his life, when Confucius saw that he could not prevent the destruction of the Chinese civilisation — what did he do? Well, as an architect who sees his house on fire, burning and falling over his head, and is convinced that he cannot possibly save the building, knows that the only thing for him to do is to save the drawings and plans of the building so that it may afterwards be built again; so Confucius, seeing the inevitable destruction of the building of the Chinese civilisation which he could not prevent, thought he would save the drawings and plans, and he accordingly saved the drawings and plans of the Chinese civilisation, which are now preserved in the Old Testament of the Chinese Bible — the five Canonical Books known as the *Wu Ching,* five Canons. That, I say, was a great service which Confucius has done for the Chinese nation — he saved the drawings and plans of their civilisation for them.

Confucius, I say, when he saved the drawings and plans of the Chinese civilisation, did a great service for the Chinese nation. But that is not the principal, the greatest service which Confucius has done for the Chinese nation. The greatest service he did was that, in saving the drawings and plans of their civilisation, he made a new synthesis, a new interpretation of the plans of that civilisation, and in that new synthesis he gave the Chinese people the true idea of a State — a true, rational, permanent, absolute basis of a State.

In this book Confucius taught that, as in all the ordinary relations and dealings between men in human society, there is, besides the base motives of interest and of fear, a higher and nobler motive to influence them in their conduct, a higher and nobler motive which rises above all considerations of interest and fear, the motive called *Duty*.

In this State religion Confucius taught that the only true, rational, permanent and absolute basis, not only of a State, but of all Society and civilisation, is this law of the gentleman, the sense of honour in man.

In fact, as the proverb which says: "There must be honour even among thieves," show — even for the carrying on of a society of thieves. Without the sense of honour in men, all society and civilisation would on the instant break down and become impossible.

It is this fraud, this Jesuitism of the public men in modern society, who say and act on the principle that there is no morality, no sense of honour in politics and yet plausibly talk of the good of society and the good of the country; it is this Jesuitism which, as Carlyle says, gives rise to "the widespread suffering, mutiny, delirium, the hot rage of sans-culottic insurrections, the cold rage of resuscitated tyrannies, brutal degradation of the millions, the pampered frivolity of the units" which we see in modern society to-day. In short, it is this combination of fraud and force, Jesuitism and Militarism, lawyer and policeman, which has produced Anarchists and Anarchism in modern society, this combination of force and fraud outraging the moral sense in man and producing madness which makes the Anarchist throw bomb and dynamite against the lawyer, politician, magistrate and president of a republic.

Mencius said: "When Confucius completed his *Spring and Autumn Annals*" — the book in which he taught the State religion of his and in which he showed that the society of his time — in which there was then, as in the world to-day, no sense of honour in public men and no morality in politics — was doomed; when Confucius wrote that book, "the Jesuits and anarchists (lit. bandits) of his time, became afraid." (乱臣贼子惧)

Indeed, the cult of ancestor-worship in China is not founded much on the belief in a future life as in the belief of the immortality of the race. A Chinese, when he dies, is not consoled by the belief that he will live a life hereafter, but by the belief that his children, grandchildren, great-grandchildren, all those dearest to him, will remember him, think of him, love him, to the end of time, and in that way, in his imagination, dying, to a Chinese, is like going on a long, long journey, if not with the hope, at least with a great "perhaps" of meeting again.

The belief in God taught by religion, by giving men a sense of security and a sense of permanence in their existence, calms them, gives them the necessary calmness of mind and temper to feel the law of the gentleman or moral sense in them, which, I say again, is the one and sole authority to make men really obey the rules of moral conduct or moral laws.

The whole system of the teachings of Confucius may be summed up in one word: the Law of the Gentleman, the nearest equivalent for which in the European languages, I said, is moral law.

Nevertheless Confucius says we can know what the law of the gentleman is, if we will study and try to acquire the fine feeling or *good taste* of the gentleman. The word in Chinese *li* (礼) for good taste in the teaching of Confucius has been variously translated as ceremony, propriety, and good manners, but the word means really *good taste*. Now this good taste, the fine feeling and good taste of a gentleman, when applied to moral action, is what, in European language, is called the sense of honour. In fact, the law of the gentleman of Confucius is nothing else but the sense of honour. This sense of honour, called by Confucius the law of the gentleman, is not like the moral law of the philosopher and moralist, a dry, dead knowledge of the form or formula of right and wrong, but like the Righteousness of the *Bible* in Christianity, an instinctive, living, vivid perception of the indefinable, absolute essence of right and wrong or justice, the life and soul of justice called Honour.

Therefore the inspiration which made the man and woman see what Joubert calls true justice, the soul of justice called Honour, and thus enable them to discover the secret — the open secret of Goethe, the law of the gentleman of Confucius — is Love — the love between the man and the woman which gave birth, so to speak, to the law of the gentleman; that secret, the possession of which has enabled mankind not only to build up society and civilisation, but also to establish religion — to find God. You can now understand Goethe's confession of faith which he puts into the mouth of Faust, beginning with the words:

Lifts not the Heaven its dome above?
Doth not the firm-set Earth beneath us lie?

What really makes men obey the rules of moral conduct is the law of the gentleman — the Kingdom of Heaven within us — to which religion appeals. Therefore the law of the gentleman is really the life of religion, whereas the belief in God together with the rules of moral conduct which religion teaches, is only the body, so to speak, of religion. But if the life of religion is the law of the gentleman, the *soul* of religion, the source of inspiration in religion, — is Love. This love does not merely mean the love between a man and a woman from whom mankind only first learn to know it. Love includes all true human affection, the feelings of affection between parents and children as well as the emotion of love and kindness, pity, compassion, mercy towards all creatures; in fact, all true human emotions contained in that Chinese word *Jen*(仁).

This inspiration or living emotion is known to everyone who has ever felt an impulse which makes him obey the rules of moral conduct above all considerations of self-interest or fear. In fact, this inspiration or living emotion that is in religion is found in every action of men which is not prompted by the base motive of self-interest or fear, but by the sense of duty and honour.

Now, the founders of all the great religions in the world, as we know, were all of them men of exceptionally or even abnormally strong emotional nature. This abnormally strong emotional nature made them feel intensely the emotion of love or human affection which, as I have said, is the source of the inspiration in religion, the soul of religion. This intense feeling or emotion of love or human affection, enabled them to see what I have called the indefinable, absolute essence of right and wrong or justice, the soul of justice which they called righteousness, and this vivid perception of the absolute essence of justice enabled them to see the unity of the laws of right and wrong or moral laws. As they were men of exceptionally strong emotional nature, they had a powerful imagination, which unconsciously personified this unity of moral laws as an almighty supernatural Being. To this supernatural almighty Being, the personified unity of moral laws of their imagination, they gave the name of God, from whom they also believed that the intense feeling or emotion of love or human affection, which they felt, came. In this way, then, the inspiration or living emotion that is in religion came into religion; the inspiration that lights up the rules of moral conduct of religion and supplies the emotion or motive power needful for carrying the mass of mankind, along the straight and narrow way of moral conduct. But now the value of religion is not only that it has an inspiration or living emotion in its rules of moral conduct which lights up these rules and makes it easy for men to obey them. The value of religion, of all the great religions in the world, is that they have an organisation for awakening, exciting, and kindling the inspiration or living emotion in men necessary to make them obey the rules of moral conduct. This organisation in all the great religions of the world is called the Church.

The aim and object of the school in China is not, as in modern Europe and America to-day, to teach men how to earn a living, how to make money, but, like the aim and object of the Church religion, to teach men to understand what Mr. Froude calls the primitive commandment, "Thou shalt not lie" and "Thou shall not steal"; in fact, to teach men to be good.

Confucius indeed was descended from a race of kings, the house of Shang, the dynasty which ruled over China before the dynasty under which Confucius lived — a race of men who had the strong emotional nature of the Hebrew people. But Confucius himself lived under the dynasty of the House of Chow — a race of men who had the fine intellectual nature of the Greeks, a race of whom the Duke of Chou, the founder, as I told you, of the pre-Confucian religion or religion of the old dispensation in China was a true representative. Thus Confucius was, if I may use a comparison, a Hebrew by birth, with the strong emotional nature of the Hebrew race, who was trained in the best intellectual culture, who had all that which the best intellectual culture of the civilisation of the Greeks could give him. In fact, like the great Goethe in modern Europe, the great Goethe whom the people of Europe will one day recognise as the most perfect type of humanity, the *real European* which the civilisation of Europe has produced, as the Chinese have acknowledged Confucius to be the most perfect type of humanity, the *real Chinaman,* which the Chinese civilisation has produced.

But then how does the school in China awaken and kindle the inspiration or living emotion necessary to make man obey the rules of moral conduct? Confucius says: "In education the feeling and emotion is aroused by the study of *poetry*; the judgment is formed by the study of good taste and good manners; the education of the character is completed by the study of music." The school — the Church of the State religion in China — awakens and kindles the inspiration or living emotion in men necessary to make them obey the rules of moral conduct by teaching them poetry — in fact, the works of all really great men in literature, which, as I told you, has the inspiration or living emotion that is in the rules of moral conduct of religion. Matthew Arnold, speaking of Homer and the quality of *nobleness* in his poetry, says: "The nobleness in the poetry of Homer and of the few great men in literature can refine the raw, natural man, can *transmute* him."

In fact, whatsoever things are true, whatsoever things are just, whatsoever things are pure, whatsoever things are lovely, whatsoever things are of good report, if there be any virtue and if there be any praise — the school, the Church of the State religion in China, makes men think on these things, and in making them think on these things, awakens and kindles the inspiration or living emotion necessary to enable and make, them obey the rules of moral conduct.

Finally, let me shortly sum up what I want to say on the subject of our present discussion — the Spirit of the Chinese People or what is the real Chinaman. The real Chinaman, I have shown you, is a man who lives the life of a man of adult reason with the simple heart of a child, and the Spirit of the Chinese people is a happy union of soul with intellect. Now if you will examine the products of the Chinese mind in their standard works of art and literature, you will find that it is this happy union of soul with the intellect which makes them so satisfying and delightful. What Matthew Arnold says of the poetry of Homer is true of all Chinese standard literature, that "it has not only the power of profoundly touching that natural heart of humanity, which it is the weakness of Voltaire that he cannot reach, but can also address the understanding with all Voltaire's admirable simplicity and rationality."

Matthew Arnold calls the poetry of the best Greek

poets the priestess of imaginative reason. Now the spirit of the Chinese people, as it is seen in the best specimens of the products of their art and literature, is really what Mathew Arnold calls imaginative reason. Matthew Arnold says: — "The poetry of later Paganism lived by the senses and understanding: the poetry of medieval Christianity lived by the heart and imagination. But the main element of the modern spirit's life, of the modern European spirit to-day, is neither the senses and understanding, nor the heart and imagination, it is the imaginative reason."

Now if it is true what Mathew Arnold says here that the element by which the modern spirit of the people of Europe to-day, if it would live right — has to live, is imaginative reason, then you can see how valuable for the people of Europe this Spirit of the Chinese people is — this spirit which Matthew Arnold calls imaginative reason. How valuable it is, I say, and how important it is that you should study it, try to understand it, love it, instead of ignoring, despising and trying to destroy it.

But now before I finally conclude, I want to give you a warning. I want to warn you that when you think of this

Spirit of the Chinese People, which I have tried to explain to you, you should bear in mind that it is not a science, philosophy, theosophy, or any "ism," like the theosophy or "ism" of Madame Blavatsky or Mrs. Besant. The Spirit of the Chinese People is not even what you would call a mentality — an active working of the brain and mind. The Spirit of the Chinese People, I want to tell you, is a state of mind, a temper of the soul, which you cannot learn as you learn shorthand or Esperanto — in short, a mood, or in the words of the poet, a serene and blessed mood.

Now last of all I want to ask your permission to recite to you a few lines of poetry from the most Chinese of the English poets, Wordsworth, which better than anything I have said or can say, will describe to you the serene and blessed mood which is the Spirit of the Chinese People. These few lines of the English poet will put before you in a way I cannot hope to do, that happy union of soul with intellect in the Chinese type of humanity, that serene and blessed mood which gives to the real Chinaman his inexpressible gentleness. Wordsworth in his lines on *Tintern Abbey* says: —

"…nor less I trust

To them I may have owed another gift

Of aspect more sublime: — that blessed mood

In which the burthen of the mystery,

In which the heavy and the weary weight

Of all this unintelligible world

Is lightened: — that serene and blessed mood

In which the affections gently lead us on —

Until, the breath of this corporeal frame

And even motion of our human blood

Almost suspended, we are laid asleep

In body, and become a living soul:

While with an eye made quiet by the power

Of harmony, and the deep power of joy,

We see into the life of things."

The serene and blessed mood which enables us *to see into the life of things:* that is imaginative reason, that is the Spirit of the Chinese People.

[END]

辜鸿铭（1857–1928）

学者，翻译家

名汤生，字鸿铭。
祖籍福建同安，出生于英属槟榔屿（今马来西亚槟城）的华侨世家。
少年游学欧洲，通英、德、法、拉丁、希腊等多门外语，获爱丁堡大学文学硕士。
而立之年归国，任张之洞幕僚十七年，后督办黄浦浚治局，清末官至外务部左丞。
民国初年任北京大学教授，主讲英国文学和拉丁语。
晚年曾赴日本讲学。
穷愁潦倒中病逝于北京，享年七十二岁。

中文著作

1910年《张文襄幕府纪闻》 ｜ 1922年《读易草堂文集》

英文著作

1901年《尊王篇》 ｜ 1910年《中国牛津运动故事》又名《清流传》
1915年《中国人的精神》又名《春秋大义》《原华》

英文译作

1898年《论语》｜ 1906年《中庸》

中国人的精神

作者 _ 辜鸿铭　　译者 _ 李静

产品经理 _ 王胥　　装帧设计 _ 沈璜斌　　产品总监 _ 贺彦军

技术编辑 _ 顾逸飞　　责任印制 _ 刘淼　　出品人 _ 路金波

营销团队 _ 王维思

果麦

www.guomai.cc

以 微 小 的 力 量 推 动 文 明

图书在版编目（CIP）数据

中国人的精神 / 辜鸿铭著；李静译. -- 天津：天津人民出版社，2016.9（2022.11重印）
ISBN 978-7-201-10774-5

Ⅰ.①中… Ⅱ.①辜… ②李… Ⅲ.①民族精神—研究—中国 Ⅳ.①C955.2

中国版本图书馆CIP数据核字（2016）第207010号

中国人的精神

ZHONGGUOREN DE JINGSHEN

出　　版	天津人民出版社
出 版 人	刘　庆
地　　址	天津市和平区西康路35号康岳大厦
邮政编码	300051
邮购电话	022-23332469
电子信箱	reader@tjrmcbs.com

责任编辑	康悦怡
产品经理	王　胥
装帧设计	沈璜斌

制版印刷	河北鹏润印刷有限公司
经　　销	新华书店
发　　行	果麦文化传媒股份有限公司
开　　本	787毫米×1092毫米　1/32
印　　张	7.5
印　　数	81,901-86,900
插　　页	2
字　　数	120千字
版次印次	2016年9月第1版　2022年11月第16次印刷
定　　价	39.00元